苏辙传

肖胜萍 著

民主与建设出版社

·北京·

图书在版编目（CIP）数据

苏辙传 / 肖胜萍著 . --北京：民主与建设出版社，
2024.6

ISBN 978-7-5139-4637-7

Ⅰ . ①苏… Ⅱ . ①肖… Ⅲ . ①苏辙（1039-1112）-
传记 Ⅳ . ①K825.6

中国国家版本馆 CIP 数据核字（2024）第 110625 号

苏辙传
SUZHE ZHUAN

著　　者	肖胜萍	
责任编辑	彭　现	
封面设计	言　成	
出版发行	民主与建设出版社有限责任公司	
电　　话	（010）59417749　59419778	
社　　址	北京市海淀区西三环中路 10 号望海楼 E 座 7 层	
邮　　编	100142	
印　　刷	天宇万达印刷有限公司	
版　　次	2024 年 6 月第 1 版	
印　　次	2024 年 7 月第 1 次印刷	
开　　本	880 毫米 ×1230 毫米　　1/32	
印　　张	7	
字　　数	120 千字	
书　　号	ISBN 978-7-5139-4637-7	
定　　价	42.00 元	

注：如有印、装质量问题，请与出版社联系。

目 录 CONTENTS

一

三苏父子出川，
兄弟同上榜

才星降世：苏门文风盛

丙辰中秋，欢饮达旦，大醉，作此篇，兼怀子由。

明月几时有？把酒问青天。不知天上宫阙，今夕是何年。我欲乘风归去，又恐琼楼玉宇，高处不胜寒。起舞弄清影，何似在人间。

转朱阁，低绮户，照无眠。不应有恨，何事长向别时圆？人有悲欢离合，月有阴晴圆缺，此事古难全。但愿人长久，千里共婵娟。

总览千古望月怀远之作，苏轼这首《水调歌头》应属其中翘楚，全词意境豪放开阔、乐观旷达，一句"但愿人长久，千里共婵娟"，借皎皎明月，为远方亲人送上平安康健之愿。而这位能让北宋大词人苏轼遥寄思念的，不是别人，正是开篇题记中提到的苏子由——苏辙，也就是大词人苏轼的弟弟。

很多人第一次知道"苏子由"这个名字，可能就是通过苏轼的这首千古名篇。事实上，与诗词大家苏轼相比，弟弟苏辙在诗文上的造诣毫不逊色，他长于政论、散文，与父苏洵、兄苏轼，并入唐宋八大家之列，可谓"一门三父子，都是大文豪"；而在仕途上他所达的高度，甚至还远超父兄——苏辙的理政能力在北宋历史中都是无法被人忽视的存在。

走近苏辙，我们更能知道，那"人有悲欢离合，月有阴晴圆缺，此事古难全。但愿人长久，千里共婵娟"，在苏轼生命中有着怎样的分量，也更能了解与苏轼比肩而立的苏辙因何青史留名。

展开苏辙波澜壮阔的人生之前，有两件事需要我们先有所了解，才更容易让我们理解苏辙的成长轨迹和未来发展。其一，眉山苏氏是什么样的家庭，如何能培养出"三苏父子"这样震古烁今的人物？其二，苏辙出生在一个怎样的时期，此时山河内外，苏家上下，又是何种情况？

简单了解苏辙的作品，我们会发现他在作品署名中经常称自己为"赵郡苏氏",还将作品集命名为《栾城集》①。三苏父子不是四川眉山人吗?他为什么会称自己"赵郡苏氏"呢?这一署名和苏家的文化渊源,还要追溯到东汉时期,从苏家祖辈说起。

东汉时,陕西咸阳有人名叫苏章,出身名门,其八代祖苏建曾为汉武帝右将军,其祖父苏纯,则在东汉时期随军攻打过匈奴,当过南阳太守。而苏章继承家族先辈优点,爱读书、善写作、品行端,当时亦深得汉安帝器重,做过高官,是个刚正不阿、精明能干的人,被认为有定国安邦的才能。他的事迹,我们可以在《后汉书·苏章传》等史料中查找到,而因苏章家居赵郡,其家族在当地繁衍,后来就形成了"赵郡苏氏"。

苏章之后,苏氏一族家族兴旺,后代亦不乏有才有名之人。三国时期,苏氏后人苏则为魏国能臣,官至东平相,后来到了唐朝,苏氏一族又出了个叫苏味道的能人。《新唐书》等史料记载,苏味道这个人,少年早慧,文采出众,聪颖博学,才名远播,二十岁即高中进士,后来做过监察御史、中书侍郎等

———————————

① 栾城:今河北省石家庄市栾城区,苏氏父子祖籍栾城,栾城在南北朝至唐初曾数度隶属于赵郡(今河北赵县)管辖。

官职，到武则天时期更官至宰相。只可惜唐中宗复位后，朝廷政治风云变幻，苏味道因陷入朋党之争，被贬至眉州。眉山苏家自古以来都是当地数得上号的人家。

《苏氏族谱》记载：唐神龙年初，一个叫苏味道的人来眉州做刺史，于官任上去世，其子孙后代留在眉州扎根落户，这地方便有了苏氏一族，也就是"三苏"一支的先祖。而苏家文风盛大的基因，从苏辙先祖苏味道身上也可见一斑。

苏味道此人善于律诗，诗风清正挺秀，其所作名篇《正月十五夜》中有"火树银花合，星桥铁锁开。暗尘随马去，明月逐人来"之句，歌咏元宵夜花灯会盛况，历来为人传诵。可惜，苏味道虽有才名，但苏家文化脉搏却在苏味道之后逐渐转弱。苏味道被贬眉山时，只有二儿子苏份是一介布衣，随他迁至眉山，并在此地繁衍家族。其后代也一直耕读传家，却少有显赫高官，直到唐末五代时期，苏氏人脉才渐渐兴旺。

苏辙高祖苏祜在五代时期的后唐为官，曾官至遂州长江尉，去官后隐居眉州丹棱。其曾祖苏杲虽未入仕途，但性格豁达，仁爱孝顺，在乡族中素有忠孝、仁义、慷慨的美名，因其乐善好施，轻财重义，乡众对他的杰出人品多有传颂。只可惜，这样的好人，却子女亲缘淡薄。苏杲膝下曾育九子，最后只活了个第七子苏序——便是苏洵的父亲，苏轼、苏辙两兄弟的祖父。

　　苏序属于大器晚成型人物。他性情疏达，薄己厚人，不务虚名。苏辙对祖父苏序的记录和评价虽很少，但其兄苏轼曾在《师友谈记》中评价祖父苏序：英俊伟岸、才气非凡，少读书，但胸有丘壑，气度非凡。苏洵在苏氏《族谱后录下篇》中还认为苏序"表里洞达，豁然伟人"，文中载："先子（序）少孤，喜为善而不好读书。晚乃为诗，能白道，敏捷立成，凡数十年得数千篇，上自朝廷郡邑之事，下至乡间子孙畋渔治生之意，皆见于诗。"苏序虽年轻时不喜欢读书，但年老后却喜欢写诗，他写诗通俗易懂、成诗飞快，上至朝廷郡县的大事，下至贩夫走卒的平凡生活，都能在苏序的诗中看到。这些史料记录，都能为苏序喜欢写诗和苏家文风之盛提供鲜活佐证。

　　与此同时，苏序对诗词文化的热爱，以及苏氏一脉耕读传家的传统，也影响着后代子孙。苏序的二儿子苏涣，青年时即进士及第，官至都官郎中，是个廉明清正的好官。而苏辙的父亲苏洵，则是个行事酷似苏序的人。他少时不喜读书，二十七岁始发愤，虽两度科场落第，再无意于功名，却是个倾心钻研的"学术派"。苏洵大器晚成，著书写文，在政论研究方面成为北宋文学领域一代名家。

苏门一脉家学渊源，苏辙祖上不乏心胸坦荡、豪放不羁的磊落之人，他们有的人侠肝义胆，有的人学识渊博，虽并非仕途显赫，但亦是一时顶尖。

出生在这样一个人才辈出、文气鼎盛的书香世家，苏辙承苏门遗风及父亲苏洵的熏陶，带着家学传承和聪颖天资，开始一步一步行走在其跌宕起伏的人生旅途中。

说完苏辙祖上能人辈出，苏门文风鼎盛的历史，我们再来看看苏辙出生在一个怎样的大环境下。

在苏辙出生的前一年，即宝元元年（1038年），毗邻北宋的西夏欲借大宋与契丹的矛盾，乘虚而入，做"南面之君"。至宝元二年时，大宋与西夏的战争一触即发。

在苏氏小家内部，情况也不容乐观。苏辙的父亲苏洵苦读两年后，在景祐四年（1037年）参加进士考试，却又名落孙山，一无所获。而比科考落榜更让苏家无法承受的是亲人的离世。在短短几年时间里，苏家人丁凋落，多人故去。先是苏洵的长女于天圣六年（1028年）夭折；再是苏洵母亲史氏于明道元年（1032年）病逝于家中；随后，景祐四年，苏洵长兄苏澹因为科举失意和母亲病逝的双重打击，身染重病，英年早逝；不久后，苏洵长子景先于宝元元年夭折。此时，苏家虽还有苏轼这位小公子，但是亲人的接连故去，不免让整个苏家笼上一层阴霾。就是在这样全家上下一片愁云惨雾的悲痛时刻，苏夫人程氏再次身怀六甲。宋仁宗宝元二年（1039年）二月二十日，苏辙就出生了，因这年是己卯年，所以苏轼后又常称他为卯君。

少年脱颖：严父育人杰

很多民间传说都喜欢将光彩夺目的人与奇闻轶事相联系。比如一些古籍将苏辙及其父兄的诞生描述得颇具传奇色彩。南宋谢维新在《古今合璧事类备要》中记录："眉山生三苏，草木尽皆枯。"而南宋张端义则在《贵耳集》里写"蜀有彭老山，东坡生则童（无草木），东坡死复青"。在后人的描述中，蜀中山川草木枯荣皆与苏氏父子有关，这不得不说是一种因敬仰而衍生出的夸张之言。

苏氏两兄弟后来在文坛和政坛所获得的出色成就，其实还是得益于良好的家庭教育。常言道"家长是孩子的第一任老师"，苏辙的成长尤其如此。在童年阶段，对他影响最大的三个人，要数母亲程氏、父亲苏洵，以及陪伴他长大的哥哥苏轼。其中，尤以母亲程夫人所营造的家庭文化氛围和父亲苏洵的严格教育，对苏辙品德修养和读书学问的影响最大。

在庆历七年（1047年）之前，苏洵不是沉浸于经典史籍之中读书备考，就是奔波赶考于家乡眉山和京城之间，所以此时苏洵并没有很多时间教育苏辙两兄弟，反而由程夫人照看他二人的学业。

《宋史·苏辙传》记载："辙与兄（轼）进退出处，无不相同。患难之中，友爱弥笃，无少怨尤，近古罕见。"确实，因苏辙和哥哥苏轼年龄相仿，二人自小在接受教育、读书、玩耍时，有很多共同之处。

程夫人在教育子女时，有一套自己的见地。在亲授诗书给家中三个孩子①时，她不但传授给他们书本中的知识，还十分重视孩子的品德教育。

司马光《程夫人墓志铭》载，程夫人常提醒子女，读书不能仅"以书自名"，而要学习古人"名节"，并勉励苏辙说："汝果能死直道，吾无戚焉。"她认为如果儿子们能胸怀大志，为正直、气节之事而死，那她亦感到欣慰。后来苏辙和哥哥都成了朝廷中的直臣，可以说与程夫人的教育息息相关。

除了教育孩子要善良、正直，程夫人还将苏家重义轻财、疏达开明的品德传递给苏辙两兄弟。程氏生活中经常帮扶亲

---

① 苏辙幼年由程夫人教导时，家中有兄苏轼、姐苏八娘。

友，是个乐善好施的人，同时她也教育两个儿子"富而多金，未必是福"，将疏达待人、乐善好施的处世之道根植在兄弟二人心中。正是受到苏家家风和母亲程氏言传身教的影响，苏辙在后来仕途的波澜起伏中，能始终保持一种宠辱不惊、洁身自好的态度。

除了慈母的教导，苏辙在童少时期也要和哥哥一起去学校读书。苏辙在《龙川略志》中记载："予幼居乡间，从子瞻读书天庆观。"庆历四年（1044年），苏辙六岁，苏轼九岁，因当时苏洵还在外游历，并为科举奔波，所以两人便在眉山天庆观读书，后来二人又师从眉山学者刘巨，直到苏洵奔丧返乡，苏辙两兄弟才开始受父亲言传身教，于学业方面渐有所成。

庆历七年（1047年），苏洵的父亲苏序病逝，苏洵从京城返回家中为父奔丧，因前些年屡试不第的打击，苏洵自此次回蜀中后，十年再未出游，而是在家一边钻研著书，一边亲自教育两个儿子。相比于程夫人温柔劝诫式的教育，父亲苏洵对两个儿子的教育则更为严格。他因过往科举的经历，以及这些年读书的所得所思，在对儿子的教育过程中，表达了自己对读书求仕的理解，以及对历史兴衰的看法。

苏辙在《藏书室记》和《历代论》中分别记录了苏洵当时对他们兄弟二人的教导。苏洵说：

> 读是，内以治身，外以治人，足矣！

又说：

> 士生于世，治气养心，无恶于身。推是以施之
> 人，不为苟生也；不幸不用，犹当以其所知著之翰
> 墨，使人有闻焉。

苏洵认为，让自己成为才德兼备的有用之人，才是读书的首要目的，即使不能为世所用，也应该著书立说，让世上的人知道自己。如一旦有机会入仕，就要用毕生所学去报效国家。同时，苏洵还教育苏辙两兄弟要以史为鉴，他认为从古人成败中吸取经验，才能避免重蹈覆辙，才能看清当世现状。

在写作方面，苏洵则要求两个儿子注意背诵和模仿名家之作，认为文章要"有为而作"，充实的内容是文章的关键，他反对炫耀辞藻的文字游戏，并经常用他欣赏的欧阳修等人的文章作为范文，让两个儿子进行练习，他再仔细点评，进而将古文家的创作思想和行文精华传授给苏辙两兄弟。在父亲的用心指导下，苏辙也逐渐总结出了自己的读书心得。

苏辙在《上两制诸公书》中说：

> 昔者辙之始学也，得一书，伏而读之，不求其博，而惟其书之知，求之而莫得，则反复而思之，至于终日而莫见，而后退而求其得。何者？惧其入于心之易，而守之不坚也。及既长，乃观百家之书，纵横颠倒，可喜可愕，无所不读，泛然无所适从。

他读书时先不看注解，而是研读原文、仔细思考，实在有阅读障碍时，再看注解，辅助理解。而且苏辙还认为，"遍观百家之书"才能思考得更为全面，而只看"圣贤书"，则是迂腐的行为。因父亲严格的教导，苏辙从小就有凌云壮志，他关心家国政治，并在年少时作过很多文章，如《缸砚赋》《春秋论》《孟子解》等。这些文章都证明，他少时即勇于思考，有独立见解。苏辙后来写诗回忆少时读书时光：

四十一岁岁暮日歌

……

少年读书不晓事，坐谈王霸了不疑。

脂车秣马试长道，一日百里先自期。

……

还说：

张恕寺丞益斋

……

我家亦多书，早岁尝窃叩。

晨耕挂牛角，夜烛借邻牖。

经年谢宾客，饥坐失昏昼。

堆胸稍蟠屈，落笔逢左右。

……

回忆的都是心怀古今天下事、乐读好学不知疲倦的读书时光。

除了父亲苏洵，苏辙读书时光中难忘的还有哥哥苏轼的陪伴：

予少而力学。先君，予师也；亡兄子瞻，予师友也。父兄之学，皆以古今成败得失为议论之要。以为士生于世，治气养心，无恶于身。推是以施之人，不为苟生也；不幸不用，犹当以其所知著之翰墨，使人有闻焉。

（《历代论》）

　　辙幼学于兄，师友实兼。志气虽同，以不逮惭。

（《祭亡嫂王氏文》）

　　手足之爱，平生一人。幼学无师，受业先君。兄
敏我愚，赖以有闻。寒暑相从，逮壮而分。

（《祭亡兄端明文》）

　　惟我与兄，出处昔同。幼学无师，先君是从。游
戏图书，窈寐其中。曰予二人，要如是终。

（《再祭亡兄端明文》）

　　可见，苏辙将哥哥苏轼视为师友，十分难忘在书海中共同
徜徉的时光，所以才会有上面这些笔记和"读书犹记少年狂，
万卷纵横晒腹囊"的感叹。

　　苏辙虽和哥哥苏轼的教育环境与经历相似，但二人性格迥
异。相比哥哥活泼调皮，经常闯祸，苏辙虽然年纪更小，却憨
厚老实，从不惹是生非，"少者谨重"。比如，同样是跟着父
亲读书，苏辙就更钟爱《老子》，经常对其中内容逐字逐句沉
思，反复咀嚼亦觉满口余香，很喜欢和父亲探讨其中内容，而
哥哥苏轼则偏爱《庄子》。在与苏轼共读时，苏轼会抽典籍中

的句子做联句游戏，考验苏辙的功课，也会有意出题锻炼苏辙的对仗功夫，见苏辙因答不上来而窘迫时，再鼓励和引导他作答，兄弟嬉闹，好不快乐。也许正因为性格上的南辕北辙，很多年后跳脱大胆的苏轼仕途坎坷，屡遭贬谪，而弟弟苏辙谨慎持重，反而成为常常帮扶哥哥的存在。

在《名二子说》中，苏洵曾仔细解释了苏轼和苏辙名字的由来：

> 轮辐盖轸，皆有职乎车，而轼独若无所为者。虽然，去轼则吾未见其为完车也。轼乎，吾惧汝之不外饰也。天下之车，莫不由辙，而言车之功者，辙不与焉。虽然，车仆马毙，而患亦不及辙，是辙者，善处乎祸福之间也。辙乎，吾知免矣。

苏洵认为，车轮、车辐条、车顶盖、车厢周围的横木在车上都有各自的功能，只有作扶手的横木看起来没什么用处。然而，若去掉横木，车也就不完整了。"轼"字，意为车上扶手的横木，苏洵担心苏轼不会向人展示自己的才华，使外人不了解其价值。"辙"，乃是车轮印，凡是车路过，都会留下车轮印记，而车轮走过的印记从来算不得车的功劳。但如果遇到车翻马死的灾祸，自然也不会去怪罪车轮印。由此可见，车辙善于处在祸福之间。苏洵希望，苏辙一生可以免于灾祸。

而此二子一生也正合苏洵取名之意，苏轼一生仕途坎坷，"一肚皮不合时宜"；苏辙则不像苏轼那样锋芒毕露，仕途虽有波折，但总体平安。

初出川蜀：赴京求仕途

　　苏辙在父亲的耐心指导下学业渐有所成，以其资质，以后也必将走上仕途。而回顾其父亲苏洵返乡教子、蜀中闭门苦读，以及考究日后父子三人赴京求仕的前因后果，则还要回溯至北宋庆历年间。

　　自大宋开国以来到庆历三年（1043年）之前，朝廷在外交、文治、军事方面已经积蓄了很多弊病。长期以来外部战乱不断，内部腐败严重，国家隐隐有积重难返之势。就朝廷的一系列问题，当时新上任的宰相范仲淹在庆历三年大胆提出了"明黜陟、抑侥幸、精贡举、择长官、均公田、厚农桑、减徭役、修武备、重命令、推恩信"十项全新政治主张，史称"庆历新政"。他希望利用这些政策改革，缓和当时的社会问题，整顿官僚政治，帮助朝廷度过积弊已深的政治危机。这一系列政策在当时获得朝野内外诸多革新之士的推崇，苏洵就是支持庆历新政的在野士子之一。但可惜的是，仅不到一年的时间，以范仲淹为首的新政党人即纷纷失势，庆历新政的推行也宣告破产。朝廷政治改革上的变故不禁让苏洵陷入失意、悲观之中，心灰意冷，返回蜀中，闭门苦读，精心教子，只等再寻出仕时机。

国家多变化，蜀中岁月长。自从庆历七年苏洵为苏序奔丧返蜀，已经过去将近十年。这十年间，苏洵虽不再向往科举仕途，但也没忘记报效国家的理想。他始终相信，无论是自己，还是两个儿子，终究会有受国家重用的一天，而不会埋没于蜀中山野。

至和元年（1054年），朝廷政治局势开始有了新变化。庆历新政支持者及骨干再度得到重用，欧阳修担任翰林学士兼史馆编修，文彦博、富弼、韩琦①等人也在至和元年后的两三年间接连复出，担任宰相、枢密使等职。这些革新派人物重掌朝堂，让八方士子参与政治的意愿再度变得强烈。于蜀中闭门读书近十年的苏洵，心中也因朝堂政治风向的变化，重新燃起报效国家的宏愿。然而在朝堂中的那些朝政魁相与僻居蜀中乡野的苏洵之间的距离还很远，纵使苏洵一腔热血，想于朝堂论

---

① 文彦博、富弼、韩琦为宋仁宗朝遗留的三位宰相，均为社稷重臣，曾支持范仲淹提出的"庆历新政"。

道，也找不到进身的机会。但广西地区发生的一次叛乱，给三苏父子送去了张方平①这位贵人，也给了他们出蜀入京的契机。

谈及张方平，还要从皇祐元年（1049年）说起。当年广西地区曾发生侬智高起兵反宋、自立为王的起义，后于皇祐四年（1052年）被宋军剿灭，余部逃窜到南诏国②。本来广西那边的叛乱和蜀地也扯不上关系，没想到这场叛乱被平息后不久，蜀地却开始流言四起，说侬智高及其余党会再率兵攻打蜀地，一时间闹得人心惶惶，蜀地百姓举家迁居避祸者多，就连地方官员都信以为真，写信请求朝廷派兵支援。面对这样的乱象，朝廷当然不能坐视不理，便派了张方平到益州③，平息流言、安抚百姓④。

张方平移官益州后，很快解决了蜀地这边的问题。世道太平下来，张方平为国选才之心就更为迫切了。依他来看，蜀地人杰地灵，不乏贤能奇才，眼下正是需要人才的时候，何不在

① 张方平（1007—1091年），字安道，号乐全居士，南京（今河南商丘）人。在大宋朝廷官员中，踏实稳重、端庄正直的张方平行事稳健得力，深受皇帝信任。史载，张方平聪慧多才，曾任职翰林学士、知制诰等职位，其官职责任主要涉及经济、财政等方面，后因受朋友牵连，才由京城退居地方为官。
② 南诏国：八世纪崛起于云南一带的古代少数民族政权，由蒙舍诏首领皮逻阁于唐开元二十六年（738年）建立。
③ 益州：现在四川地区。
④ 《宋史纪事本末》中对此段历史有所记载。

蜀地挖掘呢？

果然，在张方平的多番打听之下，他了解到眉山有苏氏父子才华横溢，于政论、治国方面颇有见解，便欲拜访举荐苏家父子。而另一边，苏洵也听说益州新来的知州张方平为官清廉、为政为民，且人品学识极高，便心生佩服、敬仰之心，希望与之结交。

苏洵听闻张方平对自己的称赞，先是写了一封《上张益州书》，感谢张方平的欣赏举荐之恩，同时附上自己所写的《衡论》《几策》《权书》等文章，以供张方平评读。随后，在至和二年（1055年），苏洵带着苏辙两兄弟，亲赴益州拜见张方平。

此次赴益州，让张方平对苏家父子的印象极好。他读了苏轼平时课业所写文章并大为赞赏，赠缸砚给苏轼，苏轼又将所得缸砚赠予苏辙，苏辙遂写《缸砚赋》：

> 先蜀之老，有姓滕者，能以药煮瓦石使软，可割如土。尝以破酿酒缸为砚，极美。蜀人往往得之，以为异物。余兄子瞻尝游益州，有以其一遗之。子瞻以授余，因为之赋。

其文精彩，传于张方平，又得夸奖，张方平认为苏辙如渊潭深澈，更有一种秀雅之处。同时，他还认为苏洵学识渊博、博闻广记，并评价苏洵："左丘明《国语》，司马迁善叙事，贾谊之明王道，君兼之矣！"[1]并于家中设苏洵专座，以上宾之礼招待他们。

此时的苏洵因得张方平赏识，信心大增，觉得应该再努力为自己以及两个儿子的仕途争取一下，于是在张方平的推荐下，苏辙又得机会随父兄去拜见了雅州[2]太守雷简夫[3]，苏父希望能得到他的推荐。

雷简夫被张方平举荐做了雅州太守，是个清正廉洁、正直爱才之人。因为苏氏父子是张方平推荐的人，同时雷简夫也读了苏洵带来的《权书》等文章，也为得遇苏家父子这样的人才而开心，遂在致信张方平的同时，又写信到京中，向欧阳修、韩琦二人推荐了苏洵及苏轼和苏辙，并将三苏佳作上呈给欧阳修。因得张方平和雷简夫推荐，苏辙及父兄困学蜀中的人生开始看到光亮。此时正好距离朝廷礼部奉诏开科时间相近。

嘉祐元年初的一天，张方平写信给苏洵父子，极力建议

---

① 出自张方平《文安先生墓表》。
② 雅州：北宋的雅州，包括了今天四川省雅安市的大部，含雨城区及名山、芦山、天全、荥经等县。
③ 雷简夫，字太简，同州郃阳（今陕西合阳）人。

他们入京参加科考。听闻朝廷开科和张方平修书向欧阳修举荐自己及两个儿子的消息后，苏洵做出了一个重大决定，他准备带着二子进京参加科举考试，而这一决定也即将改变苏辙的一生。

至和二年（1055年），苏辙因父亲苏洵，年纪轻轻就得到张方平等人的赏识，开始有出蜀入京赴考的打算，还完成了一件人生大事——与眉山乡人史氏之女成婚。此时，苏辙年届十七岁，史氏刚满十五岁。史氏虽年少，但侍奉公婆异常孝顺，两人举案齐眉、相敬如宾，感情甚是融洽。说起苏辙与夫人史氏的婚姻，在千古文坛中都算一桩美谈，两人伉俪情深，直到白首。晚年时候，六十五岁的苏辙还给史夫人写诗，追念新婚往事和平生夫妻之间的点滴记忆：

寄　内

与君少年初相识，君年十五我十七。

上事姑章旁兄弟，君虽少年少过失。

……

从这些平淡字句中，可见苏辙对年少时光的追忆，以及对夫人史氏的称赞，可谓平淡中见真意。而这些夫妻甜蜜又是后话，只因成亲不满一年的苏辙，即将与父兄出蜀入京，应考求仕。

嘉祐元年（1056年）春，苏辙与父亲及兄长一起离开蜀中，向京城进发，准备参加来年礼部的考试。然而，父子三人此番出蜀入京，选择在这年春天，并非只有苏家二子成婚后要学士子"读万卷书，行万里路"这一原因，主要还是由于经过父亲苏洵的不断努力，父子三人已经得到了张方平、雷简夫的举荐，而京中欧阳修那边也收到了关于父子三人的推荐信，并表赞赏，此时天时地利人和，正是入京赴考的好时机，少年苏辙一展才华的机会就在眼前。

此番出蜀入京，苏洵父子先路过益州，再次拜访了张方平。张方平得知父子三人即将向东入京，盛情款待了他们三人多日。对在张家的这段日子，苏辙曾写《送张公安道南都留台》诗记录：

> ……
>
> 少年喜文字，东行始观国。
>
> 成都多游士，投谒密如栉。
>
> 纷然众人中，顾我好颜色。
>
> 猖狂感一遇，邂逅登仕籍。
>
> ……

从诗的字里行间中，可以感受到苏辙对张方平给予自己及父兄恩顾与提携的感激。张方平后来对苏辙帮扶甚多。据苏辙说，自己与张方平的关系乃是"师友之交，亲戚之情"①，事实上，二人亦师亦友，一生都保持着深厚情谊。很久之后，在元祐六年（1091年）张方平去世时，苏辙还曾上疏宋哲宗，动情讲述昔年张方平对自己的恩情，并亲笔题写《祭张宫保文》，以缅怀张方平，寄托自己的哀思。可见，苏辙是个重情重义、不忘恩德的人。

---

① 引自苏辙《再祭张宫保文》。

幸遇伯乐：贵人识英才

　　赴京赶考这一年，苏洵四十七岁，苏轼二十岁，而苏辙只有十七岁。此行，父子三人没有从东边长江水路赴京，而是从阆中经褒斜谷转道北行。

　　第一次出蜀地，苏轼和苏辙看见名山大川，无不欣喜激动。他二人见名胜古迹，即发思古之幽情，见山川画卷，则遥想帝都繁华，沿路所谈尽是豪情壮志。不同于年轻的儿子们，苏洵已经不是第一次走蜀地到京城的这段路了。在过去的岁月里，他曾两度进京赴考，历经数不尽的艰难困苦，到头来却都是落寞惆怅。如今，十年已过，再次踏上这条路，苏洵心中更多的是对前路心有余悸，对应试心存忐忑。

　　沿路向北缓行，三苏父子翻山过水，一路走过很多名山古刹。四月上旬，他们穿横渠镇翻越秦岭，登太白山游崇寿

院。四月下旬，他们又经河南崤山二陵过险峻谷道，至渑池
僧舍下榻。一路时有风餐露宿，时有道路崎岖，但所行所感
均成为苏辙此生铭记的珍贵回忆。多年以后，苏辙再次路过
渑池这间僧舍，当年的老僧奉闲已去世，昔日自己和哥哥苏
轼曾题在僧舍墙上的诗也早已不见。于是，苏辙触景生情，
写诗《怀渑池寄子瞻兄》，其中有诗句"旧宿僧房壁共题"，
苏轼亦回弟弟苏辙诗《和子由渑池怀旧》，答曰："老僧已死
成新塔，坏壁无由见旧题。往日崎岖还记否？路长人困蹇驴
嘶。"苏轼告诉苏辙，昔日见过的老和尚奉闲已经去世，仅有
一座放骨灰的新塔在旧处，我们再没机会去看当时题过字的破
壁。他又问苏辙，还记不记得当时去往渑池路途崎岖，人疲
倦，连驴子也累得嗷嗷叫？可见"人生到处知何似，应似飞
鸿踏雪泥"，当年初次出蜀入京，路过渑池，苏轼、苏辙两
兄弟应该还都没有如此深刻的思考，诗文感慨，还在故地重
游时。

经过了几个月的跋山涉水后，五月上旬，苏辙随父兄二
人风尘仆仆地来到当时的北宋都城汴京。此时，距离礼部考试
的时间还尚早。在等待考试的这段时间里，苏辙主要做了三件
事，一是读书、准备考试，二是游览京城风貌，三是出门拜
客，随父兄一起，积极"推销"自己。

因为有张方平和雷简夫的推荐信，苏辙随父兄最先拜访

的就是翰林学士欧阳修。此前，欧阳修已经看过他们的一些文章，对三苏父子的才华十分欣赏。如今父亲苏洵带着两个儿子亲自登门拜访，又带了自己的得意之作《洪范论》《史论》等文章，以及写给欧阳修的《上欧阳内翰第一书》，一并投递给了欧阳修。

苏洵这封《上欧阳内翰第一书》写得颇有"心机"。

内翰执事：洵布衣穷居，尝窃有叹，以为天下之人，不能皆贤，不能皆不肖。

故贤人君子之处于世，合必离，离必合。往者天子方有意于治，而范公在相府，富公为枢密副使，执事与余公、蔡公为谏官，尹公驰骋上下，用力于兵革之地。方是之时，天下之人，毛发丝粟之才，纷纷然而起，合而为一。而洵也自度其愚鲁无用之身，不足以自奋于其间，退而养其心，幸其道之将成，而可以复见于当世之贤人君子。不幸道未成，而范公西，富公北，执事与余公、蔡公分散四出，而尹公亦失势，奔走于小官。洵时在京师，亲见其事，忽忽仰天叹息，以为斯人之去，而道虽成，不复足以为荣也。既复自思，念往者众君子之进于朝，其始也，必有善人焉推之；今也，亦必有小人焉间之。今之世无复有善人也，则已矣。如其不然也，吾何忧焉？姑养其心，使其道大有成而待之，何伤？退而处十年，虽未敢自谓其道有成矣，然浩浩乎其胸中若与囊者异。而余公适亦有成功于南方，执事与蔡公复相继登于朝，富公复自外入为宰相，其势将复合为一。喜且自贺，以为道既已粗成，而果将有以发之也。既又反而思，其向之所慕望爱悦之而不得见之者，盖有六人焉，今将往见之矣。而六人者，已有范公、尹公二人亡焉，则又为之潸然出涕以悲。呜呼，二人者不可复见矣！而所恃以慰此心者，犹有四人也，则又以自解。思其止于四人也，则又汲汲欲一识其面，以发其心之所欲言。而富公又为天子之宰相，远方寒士，未可遽以言通于其前；余公、蔡公，远者又在万里外，独执事在朝廷间，而其位差不甚贵，可以叫呼扳援而闻之以言。而饥寒衰老之病，又痼而留之，使不克自至于执事之庭。夫以慕望爱悦其人之心，十年而不得见，而其人已死，如范公、尹公二人者；则四人之中，非其势不可遽以言通者，何可以不能自往而遽已也！

执事之文章，天下之人莫不知之；然窃自以为洵之知之特深，愈于天下之人。何者？孟子之文，语约而意尽，不为巉刻斩绝之言，而其锋不可犯。韩子之文，如长江大河，浑浩流转，鱼鼋蛟龙，万怪惶惑，而抑遏蔽掩，不使自露；而人望见其渊然之光，苍然之色，亦自畏避，不敢迫视。执事之文，纤余委备，往复百折，而条达疏畅，无所间断；气尽语极，急言竭论，而容与闲易，无艰难劳苦之态。此三者，皆断然自为一家之文也。惟李翱之文，其味黯然而长，其光油然而幽，俯仰揖让，有执事之态。陆贽之文，遣言措意，切近的当，有执事之实；而执事之才，又自有过人者。盖执事之文，非孟子、韩子之文，而欧阳子之文也。夫乐道人之善而不为谄者，以其人诚足以当之也；彼不知者，则以为誉人以求其悦己也。夫誉人以求其悦己，洵亦不为也；而其所以道执事光明盛大之德，而不自知止者，亦欲执事之知其知我也。

虽然，执事之名，满于天下，虽不见其文，而固已知有欧阳子矣。而洵也不幸，堕在草野泥涂之中。而其知道之心，又近而粗成。而欲徒手奉咫尺之书，自托于执事，将使执事何从而知之、何从而信之哉？洵少年不学，生二十五岁，始知读书，从士君子游。年既已晚，而又不遂刻意厉行，以古人自期，而视与己同列者，皆不胜己，则遂以为可矣。其后困益甚，然后取古人之文而读之，始觉其出言用意，与己大异。时复内顾，自思其才，则又似夫不遂止于是而已者。由是尽烧曩时所为文数百篇，取《论语》《孟子》《韩子》及其他圣人、贤人之文，而兀然端坐，终日以读之者，七八年矣。方其始也，入其中而惶然，博观于其外而骇然以惊。及其久也，读之益精，而其胸中豁然以明，若人之言固当然者。然犹未敢自出其言也。时既久，胸中之言日益多，不能自制，试出而书之。已而再三读之，浑浑乎觉其来之易矣，然犹未敢以为是也。近所为《洪范论》《史论》凡七篇，执事观其如何？嘻！区区而自言，不知者又将以为自誉，以求人之知己也。惟执事思其十年之心如是之不偶然也而察之。

他先以贤人君子之间的离合变故，表达对欧阳修的倾慕，又对比欧阳修和孟子、韩愈文章的差别，以示对欧阳修的了解，拉近自己和对方的关系，最后真诚地表达自己十年学道心得，突出想和欧阳修成为知己之意。整篇书信积极地表达出了自己"有志于当世"的远大理想。

看过苏洵的文章和信件后，欧阳修立刻修书张方平，感谢张方平给自己推荐了苏家三父子。而借着此次拜见欧阳修的机会，苏洵还请欧阳修给当朝宰相富弼写信推荐自己及苏辙兄弟二人。欧阳修遂兴奋答应，立刻提笔写下《荐布衣苏洵状》，在这封推荐信中夸苏洵的文章"其论议精于物理而善识变权，文章不为空言而期于有用"，随后就将苏洵的文章连同推荐信一起上呈给朝廷，希望能让苏洵得到破格录用。然而，事与愿违，苏洵的奔走并未让自己及苏辙两兄弟在京中受到多少青眼和关照。

其实，京城这些官员士大夫对苏洵投递的文章和信件没有回复，倒也不仅仅是因为他们看不起苏洵一介布衣，主要是苏洵实在是不懂官场的道理，说话过于直接，仅凭书信就得罪了不少人。

苏洵给韩琦写信，大谈驱兵之道，教韩琦如何整顿军队；又给富弼写信，批评富弼在庆历新政推行的时候没有革新精神，身在高位却辜负天下人期待，表示如果自己能有幸站在朝堂上，一定能帮富弼成事。那些身在高位的官员，被苏洵这样出身乡间的布衣大加批评，心中多有不悦，自然不会举荐他得个一官半职。所以，虽经苏洵的一番走动，三苏父子于嘉祐元年（1056年）在京期间，除了获得欧阳修等个别官员的赞赏和支持外，并没有在京城掀起多大水花。

不过，虽然苏洵这边奔波求荐收获甚微，但苏辙和苏轼二人此次初入京城，却得益不少。两兄弟除了陪父亲拜见欧阳修之外，还谨遵父亲叮嘱，利用此次在京中的机会，游览了京城内外不少名胜古迹、河道街市、庙宇道观，并和一起赶来京中应试的士子们切磋学问、复习功课。几个月下来，二人不但开阔了眼界、增长了见闻，还结识了一些新朋友。

苏辙在这期间就幸运地结识了极擅史学的刘恕①。其人自幼聪慧过人，读书过目成诵，未满二十岁时就举进士第一名。后来应诏入京参试，也考中榜首，只是在殿试的时候，因为直言忤逆皇帝，才没能高中，而被改入国子监充任试讲。刘恕与苏辙结为好友时，已经二十四岁了，比苏辙年长一些，但是二人在文章政见、评古论今方面志趣相投，所以很快缔结了深厚的友谊。在京城这段时间，正巧苏辙在编纂《春秋传》，因有刘恕这个专于历史的好友帮忙讲解、分析，他写得特别顺利，这也为他后来的考试帮了大忙。

拜访名臣、交友纵游、读书备考……总而言之，苏家三父子自从五月进入京城后，为了此次考试忙得不亦乐乎。时间飞逝，转眼就到了考试的时间。

宋代科举制度与户籍制度有关联，因为当时很多士子随父

---

① 刘恕（1032—1078年），字道原，筠州高安（今江西高安）人，祖籍京兆万年（今陕西西安），北宋中期史学家、藏书家。

亲为官迁居，或落户他乡，或游学在外，难以返回原籍赶考，所以当时的科举还有"寄应"制度，即为了应举考试，可以将籍贯寄托在方便参试的地区。而苏辙两兄弟能在京城开封参加举人考试，就是父亲苏洵多方奔走，为其二人办理"寄应"参试的结果。此次七月的举人考试，苏辙两兄弟没有让父亲失望，顺利过关中举，获得了次年参加礼部主持的会试的机会。

嘉祐二年（1057年）元宵节过后，宋仁宗下诏书任命礼部侍郎兼翰林学士欧阳修为此次会试主考官，龙图阁学士梅挚、翰林学士王珪等人为副主考官，梅尧臣等人为阅卷官。不久之后，礼部会试就大张旗鼓地开始了。

在此次会试中，苏辙和苏轼二人都取得了喜人成绩。此次赋所考的题目是《贵老谓其近于亲赋》，论所考的则是《刑赏忠厚之至论》。苏辙此次应试文章写得结构严谨，立论清晰，语言质朴，行文通畅，虽不比苏轼精彩，却也取得了会试高等名次。

因这一年欧阳修主持会试，进行了考试的改革，此次礼部会试通过的贡士者有一千三百多名，比往年都多。而此次会试筛选文章，一改往日华丽之风，反而更注重文章言而有物。选拔文风上的改革，让欧阳修一时落入舆论旋涡，令很多落第士子不满。不过，还好宋仁宗支持欧阳修此次改革，认为当时朝廷内外华而不实的文风确实需要扭转。这次考试风波不仅没有影响欧阳修在文坛的地位，反而让苏家三父子的文章成为新派文风的典范，一时之间备受追捧。

二月会试尘埃落定，很快三月殿试开启。此次由宋仁宗主持的殿试，在崇政殿举行，题目是《重申巽命论》，在此次殿试中，苏轼名列乙科四甲，苏辙则名列五甲高等，兄弟二人一同进士登科。一时之间，朝野震动。大家都听闻了从蜀中眉山那么远的地方跑出来的苏家三父子如奇迹一般，不但父亲文章了得，得文坛泰斗欧阳修赏识，两个儿子更是双双登科，被皇帝钦点进士。一时之间，天下士子都争相拜读三苏的文章，汴梁地区甚至有"苏文生，吃菜根；苏文熟，吃羊肉"的民谣流传，意思是说，只要读透了三苏的文章，掌握了三苏写作的核心，登科及第不是梦，富贵生活少不了。

而另一边，多年来屡试不第的苏洵，在听闻两个儿子高中的喜讯后，也不禁当即作诗，聊以抒怀：

莫道登科易，老夫如登天。

莫道登科难，小儿如拾芥。

自己那么多年未曾实现的登科入仕梦想，此番两个儿子第一次参加科举就双双达成，不怪父亲苏洵发出以上感慨，一边得意于两个儿子光耀门楣，一边又惭愧于自己多年科举未中，难如登天。

当然，此次三苏父子名扬京师，他们最想感谢的人莫过于有知遇之恩的欧阳修。因此在殿试结束不久，苏辙给韩琦写的《上枢密韩太尉书》中就表达了对欧阳修的感谢。

太尉执事：辙生好为文，思之至深，以为文者气之所形。然文不可以学而能，气可以养而致。孟子曰："我善养吾浩然之气。"今观其文章，宽厚宏博，充乎天地之间，称其气之小大。太史公行天下，周览四海名山大川，与燕、赵间豪俊交游，故其文疏荡，颇有奇气。此二子者，岂尝执笔学为如此之文哉？其气充乎其中而溢乎其貌，动乎其言而见乎其文，而不自知也。

在给韩琦的信中，苏辙先阐述了自己对学文、写文的看法，反对为文而文，认为写出文章浩然之气，才是好的。而修养文章浩然之气的方式，就是游览名山大川，结交豪杰朋友，从其他优秀的人身上观察学习。之后在三段文字中，苏辙又叙述了自己此番进京一路所见名山大川和高人贤士，并表示正是因为见到这些，增长了阅历与见识，才能在会试和殿试中取得如此理想的成绩，又表达了自己想要献身天下的豪情壮志，而苏辙文中所说高贤之人，就是指欧阳修，可见他对欧阳修的敬仰与推崇。

　　辙生十有九年矣。其居家所与游者，不过其邻里乡党之人，所见不过数百里之间，无高山大野，可登览以自广。百氏之书虽无所不读，然皆古人之陈迹，不足以激发其志气。恐遂汩没，故决然舍去，求天下奇闻壮观，以知天地之广大。过秦汉之故都，恣观终南、嵩、华之高，北顾黄河之奔流，慨然想见古之豪杰。至京师，仰观天子宫阙之壮，与仓廪、府库、城池、苑囿之富且大也，而后知天下之巨丽。见翰林欧阳公，听其议论之宏辩，观其容貌之秀伟，与其门人贤士大夫游，而后知天下之文章聚乎此也。太尉以才略冠天下，天下之所恃以无忧，四夷之所惮以不敢发。入则周公、召公，出则方叔、召虎，而辙也未之见焉。

　　且夫人之学也，不志其大，虽多而何为？辙之来也，于山见终南、嵩、华之高，于水见黄河之大且深，于人见欧阳公，而犹以为未见太尉也！故愿得观贤人之光耀，闻一言以自壮，然后可以尽天下之大观而无憾者矣。

　　辙年少，未能通习吏事。向之来，非有取于斗升之禄，偶然得之，非其所乐。然幸得赐归待选，使得优游数年之间，将归益治其文，且学为政。太尉苟以为可教而辱教之，又幸矣。

　　多年以后，苏辙还写诗《送欧阳辩》，回忆自己少年初见欧阳修的所见所感，诗中说：

　　　　我年十九识君翁，须发白尽颧颊红。
　　　　奇姿云卷出翠阜，高论河决生清风。
　　　　……

　　可见，在苏辙记忆中，欧阳修一直是那个精神矍铄、风姿拔群，有清风明月之质的长辈，是他心中爱戴、敬重且感激的存在。

　　然而，还没等苏辙和他的父兄有机会回报有知遇之恩的欧阳修，在京城声名鹊起、踌躇满志的时候，从眉山忽然传来噩耗——苏辙的母亲程氏于蜀地病故。父子三人听到这个消息有如雷击，一时万分悲痛，于是匆匆上书吏部，离京城返乡，为程氏奔丧。

母丧返蜀：慈母永离别

嘉祐二年四月初七，苏辙的母亲程氏于蜀中眉山家中去世，死时年仅四十八岁。人世无常，去年离开家乡进京赴考前的告别，成为苏辙在母亲生前和她最后的相见，这不禁给了苏辙和父兄沉重打击。待三人匆匆返回眉山家中时，所见却已经是"屋庐倒坏，篱落破漏，如逃亡人家"①的凄凉景象。

其实，程氏的病故也有迹可循。这可能和女儿苏八娘被婆家虐待而死的刺激，以及三苏父子都离家进京，家中缺人照顾有关。

苏辙和苏轼有个姐姐叫苏八娘，此女嫁给了程氏娘家的

———————————
① 苏洵《与欧阳内翰第三书》记载。

侄子，但婚后却过得并不幸福。苏八娘经常被丈夫打骂，且婆婆护短，不许八娘跟娘家诉说情况。后来苏八娘经常跑回娘家住，而她所生的孩子却被婆家抱走，这导致八娘经常以泪洗面、心中郁结，在十八岁时就含恨而亡。程夫人和苏洵在痛失爱女的沉重打击下，心中忧郁一直难以平复。

待三苏父子出蜀入京赴考后，家中只剩下程氏和王氏、史氏两个儿媳，虽然王氏和史氏对程夫人贴心照顾，但程氏掌管家中内外大小事务，不免劳心劳力，加上失去女儿的伤心，积郁成疾，只是感染了风寒，却一病不起，甚至未接到两个儿子进士及第的喜报，就撒手人寰。

父子三人一阵悲痛后，便开始安排程氏的后事。是年十一月，苏洵给夫人程氏精心挑选了一块墓地，就在彭山的老翁泉边上，并将墓穴一分为二，准备在自己百年之后与程氏合葬，到时候夫妻二人能朝夕相伴，再续深情。

老翁泉这个地方风水极佳，周围既有葱郁树木，又有山势作屏障，再加上一处由泉水流注而成的大水井，算是附近的一块宝地。葬完程夫人后，父子三人还在泉水边上修筑了一个亭子，日后守丧期间，三人常常于亭中忧伤徘徊，怀念故去的程夫人。

程夫人生前实在是一位贤妻良母。就像司马光在《苏主薄程夫人墓志铭》中称赞的那样：

> 妇人柔顺足以睦其族，智能足以齐其家，斯已贤矣；况如夫人，能开发辅导成就其夫、子，使皆以文学显重于天下，非识虑高绝，能如是乎？……

因为有程氏多年经营把持，苏家才能齐家和睦，三苏父子才能有时间、有机会以文章才华彰显于天下，程氏在三苏父子功成名就的路上功不可没。

在程氏死后，苏洵曾经写过《祭亡妻文》，以表达哀思：

> 呜呼！
>
> 与子相好，相期百年。不知中道，弃我而先。
>
> 我徂京师，不远当还。嗟子之去，曾不须史。
>
> 子去不返，我怀永哀。反复求思，意子复回。
>
> 人亦有言，死生短长。苟皆不欲，尔避谁当？
>
> 我独悲子，生逢百殃。有子六人，今谁在堂？
>
> 唯轼与辙，仅存不亡。咻呴抚摩，既冠既昏。
>
> 教以学问，畏其无闻。昼夜孜孜，孰知子勤？
>
> 提携东去，出门迟迟。今往不捷，后何以归？

二子告我：母氏劳苦。今不汲汲，奈后将悔。

大寒酷热，崎岖在外。亦既荐名，试于南宫。

文字炜炜，叹惊群公。二子喜跃，我知母心。

非官实好，要以文称。我今西归，有以藉口。

故乡千里，期母寿考。归来空堂，哭不见人。

伤心故物，感涕殷勤。嗟予老矣，四海一身。

自子之逝，内失良朋。孤居终日，有过谁箴？

昔予少年，游荡不学。子虽不言，耿耿不乐。

我知子心，忧我泯没。感叹折节，以至今日。

呜呼死矣，不可再得！安镇之乡，里名可龙。

隶武阳县，在州北东。有蟠其丘，惟子之坟。

凿为二室，期与子同。骨肉归土，魂无不之。

我归旧庐，无不改移。魂兮未泯，不日来归。

全文短短三百余字，道尽此时苏洵心中的悲恸凄凉。他写从京城回到家乡后，见家中萧索、爱妻不在的悲伤；写自己与程氏少年相逢、恩爱半生的回忆。在苏洵心里，妻子程氏是良师益友，是好妻子、好母亲，更是能在他失落、迷茫、冒进、气馁时帮他出谋划策的爱人知己。如今阴阳两隔，苏洵只希望日后能与程氏合葬，以成全"凿为二室，期与子同""魂兮未泯，不日来归"的心愿。一首悼亡诗，可谓字字泣血，句句情切，深含无限悲伤。而更可惜的是，苏轼和苏辙"文字炜炜，叹惊群公"的风采，程氏再也没法看到，最期盼苏氏两兄弟出人头地的母亲，却无缘感受二子登科的喜悦了。

在中国古代传统儒家道德礼仪观念中，一直有丁忧^①的礼仪制度。苏辙和苏轼进士及第后，朝廷尚未封官，所以只是上书吏部，获准返乡丁忧。安葬完母亲后，两兄弟几乎很少出门，大部分时间不是在家中陪着苏洵讲说诗文、评经论道，就是读书做文章，不断提升自己的学问。

其实，父子三人都希望用这样书山学海遨游的方式，逐渐淡忘程氏故去的事实。这期间，苏辙更是如他所说那样，一直"益治其文，且学为政"，写下了诸多见解深刻的文章，其中有约二十五篇《进策》，应该都是为母守丧期间，苏辙在眉山家中所作。

悠悠岁月，夏去秋来。虽然三苏父子因心中悲痛，只想居家读书论道，不想被无关常俗打扰，但必要的人情世故还是需要照顾到的。

---

① 中国古代的一种丧葬习俗，起源于西周时期，主要是指官员在父母去世后需要辞官回家守孝二十七个月，以表达对父母的孝心和哀悼。

　　嘉祐二年深秋，蜀州新建了一座亭子，取名绝胜亭。因苏氏双子在京中高中进士，一门双杰，实属蜀中少有奇观，所以亭子竣工时，当地州牧长官特意致书邀请苏家父子三人前去观赏。盛情难却下，三苏父子只好戴孝赴会，并各自留下了诗词墨宝以贺之。

　　经过过去一年出蜀入京，见了山水壮阔、天下奇观，又多了京中见识，苏辙在对人世情感的领悟上，有了新的体会，在诗文创作上，也进入新的境界。于是，立于绝胜亭前的苏辙，挥毫泼墨，很快写下了一首《绝胜亭》：

　　　　　　夜郎秋涨水连空，上有虚亭缥缈中。

　　　　　　山满长天宜落日，江吹旷野作惊风。

　　　　　　爨烟惨淡浮前浦，渔艇纵横逐钓筒。

　　　　　　未省岳阳何似此，应须子细问南公。

　　这首诗仅用淡淡几笔，就勾勒出绝胜亭附近碧水青山、长天落日、江野渔家的生动画卷，将天水相连、山水相映、雾遮青山的景色描写得淋漓尽致，可谓情景交融、浑然天成的佳作，让在场诸人都自叹不如，对苏辙的才华连连称颂。这首《绝胜亭》后来被苏轼收录进《东坡集》中，可见苏轼亦对弟弟苏辙这首诗爱不释手。

到了嘉祐四年（1059年）十月，苏辙和苏轼丁忧期满，将赴京城候官。此时，苏辙二十一岁，因经历了丧母之痛，以及在守丧期间读书论道的打磨，比起当年初次出蜀入京又成熟了不少。

（二）

科考直言对策，
入仕受挫折

再出川蜀：疏荡有奇气

苏家父子再次入京，不仅为苏轼和苏辙二人候官之事，朝廷亦向苏洵发出诏命，要他赴京师参加舍人院的考试。关于这则诏命，其中还有一些曲折在。原来，早在嘉祐三年（1058年）十月，苏洵就接到老友雷简夫的信，说当初欧阳修向朝廷上书推荐苏洵已经有结果了，朝廷很快就会下诏命要苏洵入京。果然，到了这年十一月五日，给苏洵的诏命就到达眉州，但让苏洵失望的是，诏命内容只是让他去参加舍人院的考试。

宋代的舍人院主要负责帮皇帝起草文件，并没有什么实权，也无须对政事发表意见。这样的诏命对一般士子而言可能是天大的恩赐，但对苏洵这样有志向的人而言，却有些不痛不痒，导致苏洵感觉到了朝廷的轻视和不信任，顿觉心灰意冷。于是，苏洵以爱妻亡故，尚未从悲痛中解脱，不想入京跻身仕途为由，拒绝了朝廷的诏命。大约半年后，朝廷二次下诏催促苏洵入京，此次苏洵称病拒绝诏命，并给宋仁宗写了一封长达七千字的《上皇帝十事书》。在上疏中对朝廷当前政治情况痛陈利弊，他一共提出十条政治革新建议，希望自己这番言辞能获得宋仁宗的重视。

直到嘉祐四年六月，朝廷向苏洵发出了第三次入京诏命，与此同时，苏洵也收到了好友国子监直讲梅尧臣①的信件。梅尧臣在信中劝苏洵入京，并写了一首《题老人泉寄苏明允》给他：

> 泉上有老人，隐见不可常。
>
> 苏子居其间，饮水乐未央。
>
> 渊中必有鱼，与子自徜徉。
>
> 渊中苟无鱼，子特玩沧浪。
>
> 日月不知老，家有雏凤皇。
>
> 百鸟戢羽翼，不敢言文章。
>
> 去为仲尼叹，出为盛时祥。
>
> 方今天子圣，无滞彼泉傍。

---

① 梅尧臣（1002—1060年），字圣俞，宣州宣城（今属安徽）人，祖籍吴兴（今浙江湖州），梅让之子，世称宛陵先生，为宣城梅氏的代表人物之一，北宋官员，现实主义诗人。

　　梅尧臣这首诗可谓直中要害，他点明如今老人泉无鱼可钓，也就是说苏洵在家乡也是蹉跎时光，不会有收获，况且如今天子圣明，有才之人更不应滞留在山林。更重要的是，如今苏洵"家有雏凤皇"，即苏轼和苏辙两人初入仕途，前程远大，为两个儿子着想，也应该奉诏入京应试。正是这首诗对苏辙兄弟前途的提点，一下戳中苏洵心事，苏洵认为自己虽老，但二子未来大有可为。于是思虑再三，终于决定与两个儿子一起东行入京，应诏参试。

　　这次入京与以往都不同，三苏父子对家族做了一番安置。因为近几年苏家人丁凋零，苏辙的祖父母、大伯父、两个姑姑、母亲、姐姐等人已经先后离世，所以，父子三人此行谋划再三，决定带全家一起奔赴京城。最后，在苏洵主持大局，两个儿子帮衬之下，苏洵偕苏轼和苏辙二子，以及儿媳王氏和史氏，并苏轼长子苏迈，以及家中乳母、仆从等人，一起举家向千里之外的京都汴梁进发。

　　此次出蜀入京，是苏辙人生第二次离开家乡。上次出蜀，苏辙见山川万物无不新奇有趣，而这次出发则心境又有不同，携带家眷，入京候官，没有了上次的忐忑好奇，反而多了一些意气风发的开阔心境。

　　好不容易从为母守丧的阴霾中逐渐平复，又是一次难得的全家旅途，此次三苏父子并没有再走上次北上陆路入京的路线，而是选择走水路，南下东进入京。

上次陆行北上入京，三苏父子只走了两个多月，而此次水路不同，一来因为路线有异，他们一路探幽访胜，花费不少时间，二来因为家眷仆从较多，分为数艘船，一行人浩浩荡荡顺流而下，热闹喜庆。

从眉山出发，舟行岷江南下，这一路上第一站经过的就是嘉州（今四川乐山）。当时，嘉州有开凿于唐玄宗开元初年（713年）的凌云大佛（今四川乐山大佛），历时九十年完工，是一尊弥勒佛像，通高71米，体态魁伟，端庄慈祥，为世界最大的石刻佛像。苏辙乘船观佛像，见到佛像两丈六尺宽的脚背，据说能坐下上百人，不禁啧啧称奇，并写诗《初发嘉州》来记录这段见闻：

> ……
>
> 飞舟过山足，佛脚见江浒。
>
> 舟人尽敛容，竞欲揖其拇。
>
> 俄顷已不见，乌牛在中渚。
>
> 移舟近山阴，壁峭上无路。
>
> ……

　　嘉州本来就是三江水交汇的地方，此处水流湍急，浪遏飞舟，凌云大佛像山那样高耸，自然让人望而生畏。苏辙在诗中着重描写佛像的脚趾之大，说是能摆下一桌宴席，就是为了突出佛像的巨大，而面对这样雄伟的佛像，苏辙还不忘渲染周围山石峭壁的陡峭，说"乌牛在中渚""壁峭上无路"，可见当时苏辙对自然风景精准刻画的功力。

　　过了嘉州，苏辙一家人又沿着三峡向下，经过戎州（今四川宜宾）、渝州（今重庆）、忠州（今重庆忠县）等地，在当年的十二月初才到达江陵（今属湖北）附近，并在江陵过年。

　　途经三峡这段水路，苏辙又诗兴大发，用《入峡》一诗描述三峡亮丽风光：

> 舟行瞿塘口，两耳风鸣号。
>
> 渺然长江水，千里投一瓢。
>
> 峡门石为户，郁怒水力骄。
>
> 扁舟落中流，浩如一叶飘。
>
> 呼吸信奔浪，不复由长篙。
>
> 捩柂破溃旋，畏与乱石遭。
>
> 两山麽相值，望之不容舠。
>
> 渐近乃可入，白盐最雄高。

草木皆倒生，哀叫悲玄猱。

白云缭长袖，零落如飞毛。

缅怀浮水年，惨戚病有尧。

禹益决岷水，屡与山鬼鏖。

摧冈转大石，破地疏洪涛。

巉巉当道山，斩截肩尾销。

峭壁下无趾，连峰断修腰。

破处不生草，上不挂鸟巢。

水怪不尽戮，下有龙与鳌。

辽哉千万年，禹死遗迹牢。

岂必见河洛，开峡斯已劳。

　　从这首《入峡》可以看出，苏辙写诗并不爱华丽辞藻，反而眼光独到，注意抓住景物特征。这首诗一开始就抓住瞿塘峡口峭壁耸立、大风呼啸的特点，先声夺人，将人拉进行舟过三峡那段场景氛围中。想突出江中浪急，却不多着墨于江水，反而写船在江中随波逐流、奔腾而过的惊险。"两山蹙相值，望之不容舠"一句又写出船通过三峡时的压迫感，相信很多人乘船过三峡，都会有相似的感觉。可以说，苏辙这首诗的每一句，都给人身临其境的感觉。

　　一路沿江南下，苏辙和父兄又一起见识了两岸许多名胜古迹。路过夔州（今重庆奉节），苏辙和父兄见著名的诸葛亮八阵图，便一起批评诸葛亮过分谨慎的弊端，在《八阵碛》诗中，苏辙称：

> ……
>
> 世称诸葛公，用众有法度。
>
> 区区落褒斜，军旅无阔步。
>
> 中原竟不到，置阵狭无所。
>
> 茫茫平沙中，积石排队伍。
>
> 独使后世人，知我非莽卤。
>
> ……

此诗认为是诸葛亮过于谨慎，领军有误，才导致北伐迟迟未能成功。

而过秭归时，苏辙又与父兄谈论起关于屈原［秭归（今属湖北）人］的历史。据历史记载，屈原一生从未到过忠州，但忠州却有一座屈原庙，苏辙对这庙的真实性表示怀疑，并在《屈原塔》一诗中写道："屈原遗宅秭归山，南宾古者巴子国。山中遗塔知几年？过者迟疑不能识。"以此表达自己的疑问。

过了秭归，三苏父子又游览了荆门、汉水、襄阳、隆中等众多名胜古迹所在。一路上，苏辙怀古论今，留下诗文百篇，既有夸赞山川壮美的诗篇，也有反映社会现实的文章。

从眉山沿水路南下入东京这段路上，苏辙既写了《夜泊牛口》这样的诗，用"野老三四家，寒灯照疏树。见我各无言，倚石但箕踞。水寒双胫长，坏裤不蔽股。……稻饭不满盂，饥卧冷彻曙。……只应长冻饥，寒暑不能苦"等词句记录当时民间疾苦。也写了《昭君村》这样的诗文："去家离俗慕荣华，富贵终身独可嗟。不及故乡山上女，夜从东舍嫁西家"借感慨王昭君，表达自己对荣华富贵的看法。而兄长苏轼和父亲苏洵，这一路南下亦有感而发写了不少诗歌文章。

后来，三苏父子将他们一路南下从眉山到江陵所写的诗赋共一百首，编成《南行前集》，由苏轼作序；从江陵到京城这段路所写诗文七十三篇，编成《南行后集》，由苏辙作序，两本书合称《南行集》。这两本诗文集真实地记录了眉山至京城一路的秀美山川、淳朴风俗，也记录了先贤君子遗迹给他们三人带来的感受与思考。

这一路的山川奇景、古今畅谈，让青年时代的苏辙的诗歌创作达到了一个高峰，其诗歌眼界内容、思考深度，都进入了全新境界，变得更为疏荡开阔。尤其从内容深度上来看，经过丧母之痛和一路风霜历练，苏辙在文学创作中开始更加关心现实、贴近社会，诗词格局和创作构思都更为宽广。

　　经过水陆交替四个多月的行程，苏辙和家人终于到达京城，并开始着手在京城定居的一切事由，而此时已经是嘉祐五年（1060年）二月，三苏父子也要开始面对他们各自仕途中的全新难题。

应制科试：妄语当见弃

嘉祐五年（1060年）初春，入京后不久，哥哥苏轼就被朝廷任命为河南福昌县主簿，弟弟苏辙则被任命为河南渑池县主簿。这两个官职都不过是从九品的小官，没什么前途可言，两兄弟都没有去赴任，准备另作他谋。

恰巧在这时朝廷下旨，说是在明年八月，即嘉祐六年（1061年）八月要举行制科考试①。这一消息，让三苏父子都大喜过望。虽然进士及第任命的官职被两兄弟拒绝了，但制科考试无疑给了他们二人又一次机会。

———————

① 制科考试，又称制举、大科、特科，是中国封建社会时期为选拔"非常之才"而举行的不定期非常规考试。因考试选拔极为严格，宋朝三百多年一共只进行过二十二次，其中成功通过的人更是凤毛麟角，只有四十一人。由此可见，宋朝制科考试在人才选拔方面的高含金量。

因这一消息激动的，除了苏家人，还有欧阳修和天章阁待制杨畋①。他二人都早知苏轼和苏辙两兄弟的才名，极力举荐兄弟二人留在京城参加制科考试。

杨畋原本就负责本次制科考试政绩迁调的考核，又素来欣赏苏辙的文章和才气，更是主动联系苏辙，表示愿意推荐他参加制科考试。苏辙听说此事，受宠若惊，便立刻去杨畋家拜访。两人在一番寒暄闲聊之后，居然一见如故。苏辙还将自己早就写好的《进论》和《进策》各二十五篇呈给杨畋，并写了一封《上两制诸公书》作为感谢，信中说：

> ……
>
> 今年春，天子将求直言之士，而辙适来调官京师。舍人杨公不知其不肖，取其鄙野之文五十篇而荐之。俾与明诏之末。伏惟执事方今之伟人，而朝之名卿也。其德业之所服，声华之所耀，孰不欲一见以效薄技于左右？夫其五十篇之文从中而下，则执事亦既见之矣。是以不敢复以为献，姑述其所以为学之道，

① 杨畋（1007—1062年），字武叔，号乐道，先蓟州（今北京市）人，后徙麟州新秦（今陕西神木北），北宋官员。嘉祐四年（1059年），杨畋改知制诰，后进龙图阁直学士，复知谏院。于嘉祐七年（1062年）逝世，年五十六岁。

而执事试观焉。

感谢完杨畋，苏辙和哥哥苏轼就开始在怀远驿居住，专心闭门读书，准备明年的制科考试。

在这期间，苏辙先是给宰相富弼写过信自荐，在上呈富弼的《上昭文富丞相书》中，苏辙说：

辙西蜀之人，行年二十有二，幸得天子一命之爵，饥寒穷困之忧不至于心，其身又无力役劳苦之患，其所任职不过簿书米盐之间，而且未获从事以得自尽。方其闲居，不胜思虑之多，不忍自弃，以为天子宽惠与天下无所忌讳，而辙不于其强壮闲暇之时早有所发明以自致其志，而复何事？恭惟天子设制策之科，将以待天下豪俊魁垒之人。是以辙不自量，而自与于此。……

当时他所说的这些话，也是为了向富弼表明自己参试的坚定态度，希望能得富弼推荐。但是，苏辙当时只是一无名小卒，并没得到宰相富弼的回应和举荐。

另外，苏辙还将自己写的十二篇《历代论》上呈给参知政事曾公亮①并写了一封《上曾参政书》，信中同样表达了此次应试的坚定态度，并说明自己家境贫寒，没机会向曾老请教问题，特呈上一些对历史上治乱兴衰之事的个人政治见解，希望得到指教。这封信当然也没有得到曾公亮的回复。

然而，还没等到制科考试开始，苏辙全家人就面临了另外一个难题，那就是经济上的困扰。

虽然举家从眉山迁至京城，三苏父子都做好了长期在外居住的打算，在离开家乡前也已经变卖了一些田产，带了不少积蓄。但此次一家人迁徙四个多月，途中十几口人花费不少。来到京城之后，苏辙和苏轼二人拒绝了朝廷任命，准备应制科试，苏洵虽应诏入京，却拒绝参加舍人院的考试，暂时也没有接到朝廷的安排，一家人可谓坐吃山空，没有几个月就入不敷出，日子过得捉襟见肘。

无奈之下，一家人只好从京城迁居到周边的杞县，下地耕种，才能勉强维持生计。就像苏辙在《辛丑除日寄子瞻》诗中所记录的那样：

① 曾公亮（999—1078年），字明仲，号乐正。泉州晋江（今福建泉州）人。北宋政治家、学者。嘉祐六年（1061年）以吏部侍郎、同平章事、集贤殿大学士正式拜相。

……

居梁不耐贫，投杞避糠核。

城南庠斋静，终岁守坟籍。

……

　　当时苏辙所居住的地方，周围甚至都是坟墓，而自己也需一边种瓜菜一边读书，才能维持全家的生活。

　　这样艰苦的日子一直持续到嘉祐五年八月，朝廷对苏洵的任命终于下来了，他得了一个名为秘书省试校书的九品小官，月俸仅有六七千钱，主要工作是负责朝廷日常祭祀活动的文字准备，以及校勘图书档案。其实，这个官职在很多初入官场的人眼中是很不错的清职，做得好还有升迁机会。只是对于苏洵而言，这与他的期望相差甚远，因为他的年龄已经不允许他慢慢等待升职了。值得注意的是，就连这样一个九品小官，前面还要加个"试"字，即代理、试用，非正式官职。这主要是因为苏洵始终拒绝参加舍人院的考试，遂没法给他正式官职。

　　这一任命打破了苏洵对仕途的最后一丝期待，但此时被经济所困的他，已经没有选择，只能为了家中生计，勉强接受这个微末职位。不过，苏洵并不知道，即使是这样一个微末小官，也是欧阳修为他反复争取才得到的。

这年十一月，终于发生了一件值得苏辙父子高兴的事。欧阳修从礼部侍郎兼翰林学士改职为枢密副使，这一任职变化证明欧阳修在朝廷中的政治地位有所提高，已经成为朝廷中掌握实权的核心人物，而欧阳修素来青睐苏家三父子，想必此番升迁也会对苏辙两兄弟日后于官场打拼有所帮助。所以，闻此喜讯的苏辙立刻写了一封《贺欧阳副枢启》向欧阳修道贺，以表示自己和父兄为欧阳修升官而感到喜悦。

嘉祐六年七月，制科考试即将开始，检验苏辙两兄弟近一年复习成果的时候终于到了。宋仁宗下诏书宣布，此次制科考试秘阁考官为起居舍人、同知谏院司马光，起居舍人、翰林学士范镇，龙图阁直学士、同知谏院杨畋，知制诰沈遘四人，考试时间定在八月份，应考者须先获得两位朝中大臣的举荐，并呈上个人所作的策和论共五十篇，评优者才有机会参加阁试，以及后面的天子御试。

这次制科考试有两件趣事，都与苏家兄弟二人有关。第一件事是，当年准备考试之人原本如过江之鲫，数不胜数，然而当时的宰相韩琦就问其他应考者："今年苏轼和苏辙两兄弟来参加考试，难道还有人敢与他们一同争高下吗？"当时士子基本都听说过苏家两兄弟的才华，被宰相韩琦这样一说，尚未开始考试，很多人就已经觉得自己没有机会，遂被吓退，不再同考，实在也算得上一件奇事。

这第二件趣事，则与苏辙有关。原来，在制科考试开始前，苏辙突然生病，无法参加考试，宰相韩琦听说后，立即上奏宋仁宗，说："今岁召制科之士，惟苏轼、苏辙最有声望，今闻苏辙偶病未可试，如此，兄弟有一人不得就试，甚非众望。欲展限以俟。"让人没想到的是，韩琦关于考试延后的申请居然真的得到了皇帝同意。当年的制科考试比以往推迟了二十天，等苏辙病好之后，九月才正式开考，且以后的制科考试时间亦都定为九月。苏辙可谓是凭借一己之力，成为改变制科考试时间第一人，实在让人叹为观止，而这件奇事，后来也被载入大宋史册。

此次制科考举子策论共有六论，分别是《王者不治夷狄论》《刘恺丁鸿孰贤论》《礼义信足以成德论》《形势不如德论》《礼以养人为本论》《既醉备五福论》，且需要在一天内完成。这当然难不倒苏家两兄弟，两人成竹在胸，下笔如有神，仅半天即完成，并顺利进入殿试。

此次殿试在崇政殿举行，由宋仁宗亲自主持。当天苏辙考试的位置在大殿西廊，宋仁宗主持考试时，正好从苏辙身边走过，让苏辙有机会"瞻望天表"，而这既是苏辙第一次，也是最后一次见到宋仁宗，这位皇帝在嘉祐八年（1063年）三月驾崩，而苏辙前期仕途坎坷，并没机会向宋仁宗当面汇报工作。

宋仁宗为此场殿试拟定的策题是《贤良方正能直言极

谏》，针对这一策题，平时跳脱大胆的苏轼的论点是"直言当世之故，无所委曲"，全文议论国事、直抒己见，可见其忠君爱国的抱负，文章写得也是滴水不漏，让人拍手叫绝。平时谨慎持重的苏辙却一反常态，在试卷中输出了很多激烈、尖锐的观点，并且将矛头直指宋仁宗。

苏辙在答卷中，针对策问指出的宋仁宗的不足，主要可以概括为以下几点：

第一，苏辙指责宋仁宗怠慢政事，认为宋仁宗"无事则不忧，有事则大惧"，并不符合圣人的处世之道。

第二，苏辙指责宋仁宗沉溺于声色之乐，并以历史上六位好色误国的昏君为例，提醒宋仁宗这些人就是前车之鉴。并且苏辙还尖锐地提出，宋仁宗之所以与这些导致国家混乱的君主相似，是因为他"唯妇言是听"，也就是说宋仁宗听了太多后宫妇人的话。

第三，苏辙指责宋仁宗滥用民财，导致朝廷赋税繁重，他说："陛下之所以深结于民者，何也？民之所好者也生，所惜者财也。陛下择吏不精，百姓受害于下，无所告诉，则是陛下未得以生结民也；陛下赋敛烦重，百姓日以贫困，衣不盖体，则是陛下未得以财结民也。吏之不仁，尚可以为吏之过；赋敛之不仁，谁当任其咎？"①言外之意，就是让仁宗承认赋税繁重的过错在自己。而且，苏辙还指出，官员俸禄、士兵军饷、贿赂外敌之财，乃至宫中花销都来自百姓赋税，若想民心所向，宋仁宗就需要忍痛节俭，以宽慰百姓。

第四，苏辙还指责宋仁宗推行的改革政策都是虚名，没有实际作用，他说："臣观陛下之意，不过欲使史官书之，以邀美名于后世耳，故臣以为此陛下惑于虚名也！"认为宋仁宗的很多做法不过沽名钓誉。

这些洋洋洒洒的批评建议之言，苏辙激动之下就写了六千多字，且不但批评宋仁宗，内容还涉及宰相、三司使等人，这样激烈的言论不禁引起轩然大波。

考官之一的胡宿读罢苏辙的试卷后，立刻就否定了他。还好，当年的主考官是正直敢言的司马光，他建议宋仁宗，既然是天子说要选拔敢说真话的人，那苏辙如今直言不讳地提出建议，就不能无视他的建议，不能让他落选，应该让苏辙和哥哥苏轼一样位列第三等，才不至于寒了天下举子的心。

随后一众考官各执己见、众说纷纭，导致此次制科考试的结果迟迟不能落定，最后还是由宋仁宗亲自决断此事。

为控制舆论，避免此事扩大，宋仁宗亲自向群臣下制书解

---

① 此段文字摘自苏辙《第一道·御试制策》。

释，制略曰：

> 朕奉先圣之绪，以临天下。虽夙寤晨兴，不敢康宁，而常惧躬有所阙，羞于前烈。日御便坐，以延二三大夫，垂听而问。而辙也指陈其微，甚直不阿。虽文采未极，条贯未究，亦可谓知爱君矣。朕亲览见，独嘉焉。其以辙为州从事，以试厥功。克慎尔术，思永修誉。

宋仁宗认为，苏辙能刚正不阿地从微小细节的错误指出帝王的不足，说明他爱君爱国，是可用之才；但苏辙在文采和条贯等方面还有一些不足，所以不能大用，认为应该先试苏辙以州从事，让苏辙在实践中锻炼提高。

最后，在朝中众人熙攘议论之中，本次制科考试尘埃落定，参加殿试共十五人，被录取的有三人，分别是苏轼第三等、王介第四等、苏辙第四等次。

宋代制科考试中，一、二等一直是虚设，大宋三百多年，从未有人入过一、二等，所以哥哥苏轼夺得的这个第三等，可谓是宋朝百年以来制科考试的冠军，宋朝三百多年，算上苏轼，前前后后也仅有三人得此殊荣。

此次制科考试一波三折后，苏辙终于被勉强录取，但因他指陈切直，得罪了不少人，导致这场考试在他之后的政治生涯中都产生了深远的消极影响。

数十年后，在自己的《遗老斋记》中，苏辙回忆这段往事时还表示出了后悔，用"自是流落，凡二十余年"为自己的政治生涯作注，可见苏辙也意识到一时锋芒毕露、尖锐激进所付出的惨重代价。然而，往事不可追，人生自是没有如果，过去种种也都不可改变，纵然前路崎岖，苏辙也还需向前，向他理想中的仕途努力靠近。

拒职侍父：西门别兄长

嘉祐六年，苏辙和哥哥苏轼再度齐登制科，两人都正值青春好时光，前途一片大好。

此次制科考试后，苏轼被授予将仕郎，大理评事，签书凤翔府（今陕西凤翔）节度判官公厅事，即任职凤翔府判官，这是个正八品官，主要负责文书，虽仍是幕职，但颇有实权，前景光明。

但反观苏辙这边的情形就不太妙了。虽然和哥哥同登制科，并得了第四等次，但因他的策论直指朝廷和宋仁宗得失，言辞无所顾忌，陈言切直，遂引发了很多争议。当时的主考官之一胡宿就认为苏辙的策论答非所问，并且用致乱之君比喻仁宗，实在不当，极力请求不让苏辙通过。虽然，司马光认为苏辙能直言极谏，是个好榜样，上疏为苏辙求情，但王安石等人却不认同苏辙，认为苏辙策论中袒护宰相，却专攻人主，不足以用，所以就算苏辙得了制科第四等，王安石也拒绝为其起草制词。不得制词评语，苏辙就不能得官受任，所以苏辙命官的问题就一直拖到了第二年秋天才确定，最后还是由宰相韩琦改命知制诰沈遘起草了制词，才算将此事圆满地了结。

此次苏辙被任命为商州军事推官，这仍是一个九品小官，所以他虽上疏谢启，但却以父亲苏洵在京中修礼书，兄长苏轼又去凤翔出任，父亲身边无子照顾为由，奏乞留京侍父，辞任不赴。

值得一提的是，在嘉祐六年七月时，苏洵先被朝廷任命为霸州文安县主簿，但还没等他上任，就又被改派去礼部，和陈州项城县令姚辟同修《太常因革礼书》，这一职位为从八品官。一生科举数次落榜的苏洵，终于在五十三岁当上了一个没什么实权的小官，且直到去世也再没变动，实在是说不清这对苏洵而言是好事还是坏事，想必相比于他心中的远大志向，这份从八品修礼书的职位，还是让他一生存有遗憾。

不过，从苏洵任职来看，也证明了苏辙留京养亲请求的真实性，但这也只是表面理由。虽然苏辙一直在其诗文中否认辞官与官职低微有关，但从苏辙为哥哥苏轼赴任送行，以及后续两兄弟往来信件诗词中仍然可以看出，苏辙辞官还是与此次制科考试评判处理不公有关。

嘉祐六年十一月，苏轼上任之期在即，苏辙帮哥哥打点行装，依依惜别，送哥哥上路赴任。这次送别，苏辙一直将苏轼送到郑州西门外的十里长亭，兄弟二人告别时，苏轼特意写诗赠别弟弟：

……

登高回首坡垄隔，但见乌帽出复没。

苦寒念尔衣裳薄，独骑瘦马踏残月。

……

苏轼骑马出发后，登高回望，还想再看一眼弟弟，此去路上苦寒艰难，心中所想的却仍是弟弟穿衣够不够，会不会受冻。简单质朴的几句诗，却显出了苏轼对苏辙的不舍与惦念。

那边，苏辙对哥哥的离开也是悲伤的，却也只能含泪送别兄长，并回家写了一首诗寄给苏轼：

相携话别郑原上，共道长途怕雪泥。

归骑还寻大梁陌，行人已渡古崤西。

……

无论是"相携话别"还是"怕雪泥"，苏辙舍不得的都是与哥哥分别，担心的也都是苏轼这一路上会奔波受苦，所以字字句句都是他对此次离别难以平复的心情，以及对哥哥前路未知的忧心。

苏轼离京赴任后，也经常给苏辙写诗寄信。查阅兄弟二人书信往来的诗篇，我们能更全面地了解苏辙拒绝任商州军事推官的原因。

苏轼曾给弟弟写过《病中闻子由得告不赴商州三首》，其三云："辞官不出意谁知，敢向清时怨位卑。"这里"怨位卑"一句表明，苏轼知道苏辙辞官的原因是觉得官职卑微，并在诗中感叹，因为苏辙辞官不能去商州，两兄弟见面困难，十分想念苏辙。其二还说："答策不堪宜落此，上书求免亦何哉。"这句就明白地说出苏辙是因为策论答案不合时宜，才沦落到如此境地，"上书求免"也没什么。由此可见，苏辙辞官的行为，还是与官位卑微有关，并非他自己表面所说的为了侍奉父亲才留在京师。

针对苏轼信中的诗，苏辙也给苏轼回诗，诗中说：

> 怪我辞官免入商，才疏深畏忝周行。
>
> 学从社稷非源本，近读诗书识短长。
>
> 东舍久居如旧宅，春蔬新种似吾乡。
>
> 闭门已学龟头缩，避谤仍兼雉尾藏。

苏辙自谦辞官的原因是"才疏",认为从社稷官场和社会实践中磨炼学习,不如多读圣贤书来获得人生智慧。苏辙此时居于东舍,他将此地比作旧宅,又讲述自己如今春日种蔬菜,有种得返乡野的田园之乐。虽然言辞间看似一派陶渊明式的云淡风轻、心向田园,但末句"闭门已学龟头缩,避谤仍兼雉尾藏"却婉转表达出了苏辙的真实想法。这一句的意思是,我闭门不出,学乌龟一样把头缩起来,为的就是避免遭到诽谤,藏起锋芒和光彩。可见,苏辙不赴任的另一原因是想要"避谤"。从"龟头缩""雉尾藏"这样的用词中,可以看出苏辙因自己不受重用而难以掩饰的失望之情,其中的丧气、不平与悲怨可见一斑。这首回复哥哥苏轼的诗,代表了苏辙一生直言敢谏的精神与含蓄蕴藉的特点,虽满含激愤情绪,却表达得不露不张,颇能代表苏辙诗歌的风格特征。

嘉祐七年(1062年)开始,时年二十四岁的苏辙送走哥哥苏轼,在京城侍奉父亲苏洵,并在京师开始了一份校书郎的工作。苏辙此次闲居,就长达三年之久,这段清贫生活虽在物质上较为艰难,但能静心读书,又让苏辙的精神世界充盈起来。

大名初任：扶父丧返蜀

自苏轼去凤翔县赴任后，苏辙在京城闲居了三年之久。这段闲居的日子里，苏辙除了侍奉父亲苏洵的起居生活，并帮苏洵修订《太常因革礼书》，其余时间几乎都在读书写文章，从他和苏轼往来信件诗文，如《和子瞻调水符》《和子瞻读道藏》等内容中，都可以了解到苏辙这三年的状况。

苏辙因制科试被不公平对待所带来的苦闷心情，到嘉祐七年年中的时候，就已经基本消散了。他逐渐从抑郁愤懑转为平和，不再纠结辞官之事，转而专心研读《周易》，并再度完善了自己在制科考试中写的《进策》，又阐释了很多自己对朝廷改革的新主张，可惜这些文章和建议都没掀起什么浪花，只有苏轼写信开解弟弟，说他在京中读书写文章收获大，自己外出为官是耽误时间。

这样的安慰是否属实，我们不好评价，但总归是能让苏辙心中更开阔一些的。因为，这三年侍父时光，苏辙过得也并不轻松，主要是来自生活和经济上的压力，让苏辙在校书、读书、写诗文之外，还需在家附近种菜种粮，以贴补家中生计。苏辙在宋英宗治平元年（1064年）春天创作的一首诗《种菜》中，就对这段喜忧参半的半田园生活做过细致描述。诗中说：

> 久种春蔬旱不生，园中汲水乱瓶罂。
>
> 菘葵经火未出土，僮仆何朝饱食羹？
>
> 强有人功趋节令，怅无甘雨困耘耕。
>
> 家居闲暇厌长日，欲看年华上菜茎。

可见，苏辙这段田园生活并不十分顺利，春旱没雨水的时候，就需要在园中打井汲水灌溉菜田，要是遇到大旱，则井水也没有，一家人就没有蔬菜吃，仆从甚至都吃不饱。虽然，苏辙并没有过分夸大这份苦难，但从"僮仆何朝饱食羹""欲看年华上菜茎"等句中，我们还是能感受到那种面对生活压力的郁闷心情，而苏辙排遣这份苦闷心情的渠道，也只剩诗书文章，以及与哥哥苏轼之间唱和的诗歌了。

从嘉祐七年到英宗治平二年（1065年），苏轼和苏辙二人互相寄的信件中有上百首诗作，后来二人将这段时间所作的诗编成了《岐梁唱和诗集》，而这段鸿雁传书、书信唱和的日子，直到治平二年三月才结束。这年三月，苏轼在凤翔县任职期限已满，便返回京中，居家等候朝廷的调官。而此时苏辙之前于京中侍父的借口也时过境迁，所以他主动上书求职，随后被朝廷任命为大名府（今河北大名）推官，不日赴任。

大名府是北宋"四京"之一，相比于其他地方的官职，大名府因其位置重要，所以任职官员的含金量也比较高。一般而言，大名府的官员都要由朝中重臣出任，同时兼知留守司事，即使是像苏辙任职的推官，也要选德才兼备、实力卓越之人。所以，虽然大名府推官官职较低，但由此还是能够看出此次朝廷对苏辙的赏识和信任。

宋代文官官阶分为幕职州县官、京官、朝官三个不同档次，苏辙此番出任大名府推官虽是低级官职，但对年纪轻轻且曾在制科考试中得罪了皇帝和权臣的苏辙而言，已经算少年得志了。但让苏辙产生不满的主要原因是，他才出任大名府留守推官不到一个月，朝廷就又下诏，升任他做大名府安抚司管勾机宜文字，这仍是个幕职州县官中最低的职位。苏辙对自己职务变化如此之快表示不悦，还曾在给韩琦的《北京（即大名）谢韩丞相启二首》信件中提过此事。

右某启：顷违轩阁，寻至北门，自领簿书，复将期月。魏都雄盛，号称河朔之上游；职官卑微，最为府中之末吏。事既甚夥，议皆得参。顾惟浅庸，何以堪处。而况旱气方退，流民未还，盗贼纵横，犴狱填委。是健吏厉精竭力而不足之日，非庸人偷安自便而能办之时。伏惟相公，伟量绝人，盛业盖世，乐育贤俊，误知鄙凡。窃观佐幕之司，似若无责之地。勉强以处，则事皆可与；因循而去，则身实甚闲。敢无自强，少答知遇。

右某近准中书札子，就差管句大名府路安抚总管司机宜文字者。顷尘制科，已授商幕，寻辄乞告，以便养亲。贫窭无资，还复求仕。既来魏府，幸迩家庭。曾未逾时，就改此职。边鄙无事，最为闲官，俸给稍优，尤便私计。自非昭文相公，陶冶庶类，顺养众情，曲矜鄙庸，常见存念。则岂有进退之际，皆从私心，功效未闻，旋移新局。顾恩造之甚厚，思力报以未由。区区之诚，书不能既。

这些小波折并没有影响苏辙投入工作的热情，在大名府供职仍然是苏辙一生仕途壮志的起点，他在大名府期间也收获颇多。苏辙在这里主要负责幕府单调繁重的文书处理工作，虽然这些基础琐碎的工作与苏辙的远大理想并不十分相符，但也

让苏辙体会到了理想和现实之间的落差。任职期间，他十分重
视边地防务工作，积极关注契丹方面的动向，其所作诗中曾
记录：

> 河转金堤近，天高魏阙新。
>
> 千夫奉儒将，百兽伏麒麟。
>
> 校猎沙场莫，谈兵玉帐春。
>
> 关南知不远，谁试问番邻。[①]

此外，苏辙勘察拷问刑狱时严谨求真，在给韩琦的信中他
曾提到："况旱气方退，流民未还，盗贼纵横，犴狱填委。是健
吏厉精竭力而不足之日，非庸人偷安自便而能办之时。"当时
的苏辙虽仅处幕僚地位，且在任时间并不长，但根据《龙川略
志》卷一中《慎勿以刑加道人》一文来看，苏辙从政时不愿加
刑于人，对待百姓时又能同情他们的疾苦，且在政事之余，还
坚持写下很多关于改革和朝政的文章。《宋史·苏辙传》中所
载，可见苏辙在大名府任职时的兢兢业业：

> ……三年，轼还，辙为大名推官。逾年，丁

[①]《次韵王君北都偶成三首》其一。

父忧。服除，神宗立已二年，辙上书言事，召对延
和殿。……

当时正是王安石推行新法的时期，即使只是作为一名低职
位幕府官员，苏辙也在积极从底层人民视角去分析和评断王安
石新法中的优点、弊端，可谓心系国家百姓。

然而，苏辙这段一心扑在工作上的生活并没有持续多久，
在大名府任职一年后，治平三年（1066年），二十八岁的苏辙
就接到了父亲苏洵于京中病逝的消息。于是，苏辙离职返回京
城为父亲奔丧，并与兄长苏轼一起扶柩返回蜀地。

其实，苏洵从嘉祐五年二月抵达京城后，就一直郁郁难
平，一方面是由于自己不得朝廷重用，仕途无望，另一方面也
是为两个儿子的前途，以及全家在京城生活的经济问题担忧。
后来，虽然苏洵得了个与姚辟一起修纂《礼书》的职务，但因
仕途失意、修书工作繁重，加上生活上的种种困难，苏洵身体
大不如前。在治平二年九月，《礼书》修纂工作刚结束不久，苏
洵就卧床不起，很快病入膏肓、药石无灵，在治平三年四月即
与世长辞，去世时五十八岁。

苏洵突然去世的消息不但让苏轼和苏辙两兄弟难以接受，
一下子陷入巨大的悲痛之中，更是震动朝野上下，朝廷内外都
为苏洵这样才华横溢的有志之士突然故去而震惊。为抚恤苏

轼、苏辙，同时彰显朝廷重视，宋英宗下诏赏赐白银一百两、丝绢一百匹给苏洵，但这些赏赐都被苏辙两兄弟婉言谢绝了，毕竟父亲生前都不是贪图富贵的人，死后又何须这些身外之物呢？苏轼一直明白父亲为官的心愿，所以上奏请求宋英宗，希望能追封苏洵官职，以全苏洵生前愿望。于是，朝廷很快追加苏洵为光禄寺丞，为从六品上职位。此外，欧阳修、韩琦等苏洵生前好友，也纷纷写墓志铭、挽联、悼词等送别苏洵，以表达不舍和敬重。

是年六月，苏辙和苏轼两兄弟扶苏洵灵柩从京城出发，返回蜀地。这一次还是走的水路，从汴水入淮河，再经运河入长江，沿长江逆流而上返回蜀地。

上次水路入京，一家人还是欢声笑语，满怀希望，如今苏辙兄弟俩扶棺返乡，却已经与父亲阴阳两隔，一路山川风景，都让兄弟二人悲从中来。因为返蜀需逆水行舟，且沿途经过的很多地方，都有官吏要吊唁苏洵，所以苏辙两兄弟走得很慢，十二月份才到了三峡。

这回旧地重游路过巫山庙，老父亲已经作古，昔日阖家团圆的画面难重现，再见巫山奇观和秀美山川，不免黯然神伤，于是，苏辙在此地写下一首《巫山庙》：

……

乘船入楚溯巴蜀，溃旋深恶秋水高。

归来无羔无以报，山上麦熟可作醪。

……

寥寥数语，写自己重返巴蜀家乡的感慨，自己能安然无羔地返回家乡，实在无以为报，只有将川蜀的麦子做成酒，以回馈家乡。此处游子归乡的感慨，更衬托出为父亲苏洵扶柩归乡的悲伤和遗憾。因外放为官，苏辙从大名府匆匆赶回京城家中时，并没来得及见苏洵最后一面，这对孝顺的苏辙而言，想必也是一生憾事。

治平四年（1067年）四月，经过近十个月的舟车劳顿，苏轼和苏辙二人终于将苏洵的灵柩顺利送回家乡，此时距离苏洵病逝，已有一年的时间。

随后，两兄弟遵从苏洵遗愿，将其埋葬在眉州老翁泉井旁，与母亲程氏合葬。至此，苏洵波澜起伏的一生终于尘埃落定。

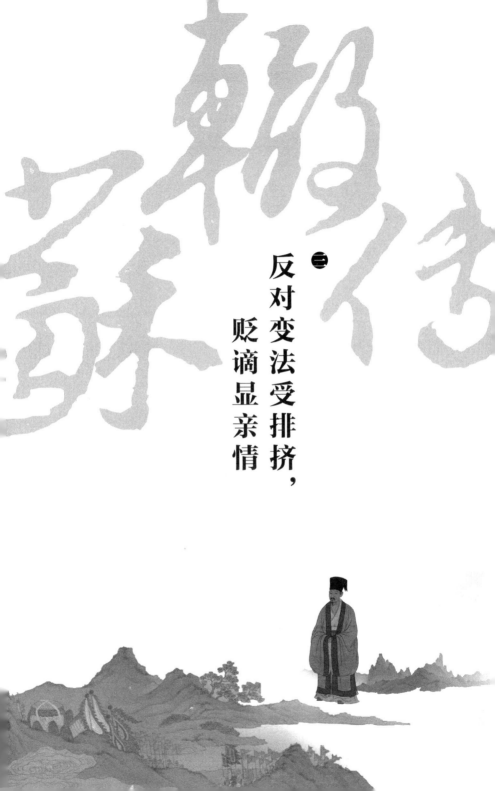

（二）

反对变法受排挤，
贬谪显亲情

重返京师：得罪王安石

苏辙和苏轼远在蜀地家乡为父亲守丧的三年间，朝廷发生了翻天覆地的变化，由王安石发动、宋神宗点头同意的变法运动正在酝酿中。

回顾北宋历史，其实早在宋仁宗在位时，就进行过"庆历新政"，但以失败告终。此次改革不但没有解决朝廷原有问题，还导致阶级矛盾、民族矛盾，乃至国家积贫积弱的经济问题愈演愈烈。宋仁宗没做好的事，他之后的宋英宗则因在位仅有短短四年，根本没时间做。所以，当大宋江山传到宋神宗手里时，朝廷弊政和国家积贫积弱问题已经十分严重，到了不得不解决的地步。

宋神宗很希望大刀阔斧的改革，快速解决当时朝廷内外面临的困境。就在他一筹莫展的时候，王安石提出"变风俗，立法度"等一系列措施，这些改革措施涉及政治、军事、经济、文化等多个方面，他认为通过变法来发展生产、富国强兵，才能解除大宋积贫积弱的问题，解决当时的政治危机。宋神宗很赞同王安石变法革新的想法，于是，从熙宁二年（1069年）二月开始，宋神宗任命王安石为参知政事，全面起用王安石及其党人进行变法。

变法之初，刚担任参知政事的王安石认为，此番变法当务之急就是改变风俗、确立法度。为方便实施变法，他特申请设立制置三司条例司，主要负责统筹财政工作，当时此部门为北宋最高财政机构。随后，他又在熙宁二年四月时，遣人察诸路农田、水利、赋役；并在七月，设立淮浙江湖六路均输法；九月，设立青苗法；十一月，颁布农田水利条约。后来从熙宁三年（1070年）到熙宁六年（1073年）七月之间，陆续颁布募役法、保甲法、方田均税法、市易法、免行法，并改革科举制度。总之，这些王安石研究的"富国之法"，涉及全国上下政治、经济、文化的方方面面，其改革力度之大，前所未有。

但凡事急于求成，效果都不会很好。王安石所设计的改革方案，初衷是好的，但执行过程中却出现了一系列问题，导致改革想法与落地实现效果南辕北辙。

比如，青苗法，其改革内容是在每年二月播种、五月夏秋未熟、青黄不接的时候，由官府给农民贷款、贷粮，并收取利息，大约每半年收取二分或三分利息，分别随夏秋两税归还。这一制度原本的目的是让百姓先借钱借粮，等收成后定期还钱还粮，相当于农业贷款。这不但大幅增加了政府收入，还能限制民间高利贷对农民的剥削，适时缓和阶级矛盾，防止农民的土地因为破产而被兼并。然而，这项改革落实之后，却出现强制农民借贷的情况，且利息偏高，农民的实际负担依然沉重，并未得到缓解。

还有农田水利法，其改革内容是鼓励垦荒，规定各地都要兴修水利，修建费用由当地住户根据贫富等级出资，或者也可以向州县政府贷款，取一分利息。这项改革不但保证了灌溉，使耕地面积增加，一定程度促进了农业生产发展，也使政府税收得到了增加。但随着变法深入推进，朝廷逐渐将兴修水利的数量视作官员政绩考核标准，这导致一些地方政府强制修建水利工程，给当地百姓加重了负担。

此外，免役法（募役法）也是"好心办坏事"，给人民添负担的。此改革内容是将原来按户轮流服差役的制度，调整为官府雇人承担差役，民户若不愿服差役，可以交免役钱，免役钱按贫富等级交纳，官僚地主也不例外。这虽然让一部分农民从劳役中解脱，为农业生产发展提供了劳动时间保障，同时增加了政府的财政收入，但是对一部分贫苦农民而言仍是沉重的负担，并不能切实解决问题。

除了以上提到的三方面变法弊端，王安石变法所提出改革措施的许多方面都存在一定问题，缺少可实践性和严谨性。在熙宁二年（1069年）这个时间节点上，王安石变法才刚刚开始，其后续影响尚不明显，虽有韩琦、富弼、司马光等一众朝廷重臣反对王安石推出的一系列改革法令，但因宋神宗认可，王安石变法还是在如火如荼地进行。

自熙宁元年（1068年）十二月守丧期满，到第二年春返回京城，苏辙和哥哥从蜀中家乡回到汴梁时，面临的就是王安石新法铺天盖地推行的盛况。

苏家兄弟二人认真研读新法后，也抱有和韩琦、司马光等人一样的反对意见。尤其是苏辙，他敏锐地发现，新法存在很多漏洞，比如，在朝廷当务之急的理财问题上，王安石认为解决国家财政问题的方式，应重点放在"求财而益之"上，即广开财源，而苏辙则认为应该"去事之所以害财者"，也就是强调节约、节用。苏辙认为王安石在财政方面实施的变法内容，如果持续推行，则必然导致国富民穷，到时候不但会激发社会阶级矛盾，严重起来还会触及江山根本，实在不得不重视。

忧国忧民的苏辙针对当前社会状况和新法潜在的弊端，给宋神宗写了一封《上皇帝书》，这封鞭辟入里的奏章洋洋洒洒上万字，痛陈当前新政改革的三大弊端，强烈建议宋神宗一定要铲除"冗吏、冗兵、冗费"这"三冗"问题。

苏辙在上疏中提到：

> ……使进士诸科增年而后举，其额不增，累举多者无推恩。……为是法也，则必始于二府。法行于贱而屈于贵，天下将不服，天下不服而求法之行，不可得也。……
>
> 今世之强兵莫如沿边之土人，而今世之惰兵莫如内郡之禁旅。其名愈高，其廪愈厚；其廪愈厚，其材愈薄。……土兵一人，其材力足以当禁军三人；禁军一人，其廪给足以赡土兵三人。使禁军万人在边，其用不能当三千人，而常耗三万人之畜。边郡之储比于内郡，其价不啻数倍，以此权之，则土兵可益而禁军可损，虽三尺童子，知其无疑也。……
>
> 臣闻富国有道，无所不恤者，富之端也。……国有至急之费，而郊祀之赏不废于百官。……

总结这封万余字的上疏，苏辙的意思是，新法改革实施中，第一要避免出现临时执行使命的闲散官员；第二要避免招募兵力过多，或培养战斗力差的士兵，导致军政效力低下；第三要避免浮费，即要重视把控，不要产生过多不必要或虚假的开支。

宋神宗看了苏辙奏章中提出的"三冗"问题，深以为然，并赞叹于苏辙的才能，第二天就诏苏辙上殿面圣，当面询问苏辙对新法的意见和看法，并与之讨论。这是苏辙第一次上殿面见宋神宗，其内心十分紧张激动，但面对新政改革这种国家大事，他还是胸有成竹，对答如流。

关于此次面圣的经历，苏辙后来在《自齐州回论时事书》中有所记录：

> 臣自少读书，好言治乱。方陛下求治之初，上书言事。陛下不废狂狷，召对便殿，亲闻德音，九品贱官，自此始得登对论事。……

赏识苏辙政治才华的宋神宗，在召见苏辙的第二天，就任命他为制置三司条例司检详文字。前面我们说过，制置三司条例司是宋神宗为王安石的变法特别设置的机构，对制定户部、度支、铁盐三司条例有决策权，是独立于原有领导机构之外的。因制置三司条例司归王安石主管，所以苏辙这个岗位的任命，应该是宋神宗与王安石沟通后的结果。制置三司条例司是主持变法的机构，负责不断草拟新法，工作十分繁忙，而苏辙这个检详文字的职位，自然也不轻松。

在苏辙官职调整的同时，苏轼也没闲着，被委以殿中丞、直史馆、判官告院之职，这其实是个闲差，并没什么事情可做。

王安石将苏辙和苏轼两兄弟安排在这两个位置，实际上是因苏辙给宋神宗《上皇帝书》提出"三冗"问题后，王安石想借官职调动，拿捏苏辙两兄弟，为自己推行变法扫清障碍。苏轼与王安石的政治主张历来不同，那就把他安排到没有作为的闲差位置。苏辙以前就在策论中主张改革，这次又上疏皇帝主张当前变法的当务之急是"丰财"和铲除"三冗"，且宋神宗赏识苏辙，那就安排他进制置三司条例司。自此，苏辙成为王安石的属官，其政治工作更受王安石把控压制。

其实，苏辙与王安石的过节由来已久。在嘉祐元年时，三苏父子初到汴梁城，经张方平引荐结识欧阳修，当时欧阳修也赏识王安石，所以设宴时就同时邀请了三苏父子和王安石。但是，三苏父子十分看不惯王安石的举动。后来，王安石母亲病逝，京中大小官员都去吊唁，唯三苏父子没去，而苏辙的父亲苏洵还写了一篇《辨奸论》影射王安石，将其比作历史上的奸相，自此王安石和苏家人就结下了梁子，待后来苏辙制科第四等，王安石拒绝写任命撰词，也有这早年过节的原因在内。

苏辙自任职制置三司条例司检详文字，就越发看出变法潜在的负面影响，尤其就王安石改革中推行的"青苗法"进行了大肆批评，言辞之间毫无顾忌，致使苏辙与王安石之间的关系更为紧张。后来，因为双方意见不合，甚至发展到苏辙无法继续在制置三司条例司工作的地步。忍无可忍时，苏辙便给宋神宗写了一封《制置三司条例司论事状》，开篇即表明自为官以来的疑惑：

　　辙顷者误蒙圣恩，得备官属。受命以来，于今五月。虽勉强从事，而才力寡薄，无所建明。至于措置大方，多所未谕。每献狂瞽，辄成异同。退加考详，未免疑惑。是以不虞僭冒，聊复一言。……

之后洋洋洒洒数千字，说明自己和王安石等改革派出现分歧、无法施展才能的苦衷，并批评条例司所制定新政的一系列问题。

随后又写了一封《条例司乞外任奏状》说：

　　……伏惟陛下创置此局，将以讲求财利，循致太平，宜得同心协力之人以备官属。而臣独以愚鄙，固执偏见，虽欲自效，其势无由。……伏乞除臣一合入差遣，使得展力州郡。……

苏辙主动请求辞去现有职位外调，他这一政治表现，甚至比性格活跃跳脱的哥哥苏轼更为激烈，可见苏辙在政治生涯中宁折不弯的气节。

宋神宗虽然疑惑苏辙的态度和要求，但与王安石沟通后，还是采纳王安石的建议，于熙宁二年（1069年）八月下诏，改任苏辙为河南府（今河南洛阳）留守推官。

苏辙这次外放出京，年头并不短，不但是他，连哥哥苏轼也在差不多的时间被外放杭州。直到熙宁九年（1076年），王安石因变法失利，罢相退居江宁府（今江苏南京），苏轼、苏辙兄弟二人才得到回京的机会。

外放为官：经年居下僚

苏辙在递上辞呈后，并没有很快去河南府赴任。因与王安石意见不合，再加上此次入京后，因为变法之事，一直心中抑郁，所以他称病推辞赴任，在京中又住了四个多月。苏辙曾写过一首《南窗》，生动反映了他这段闲居生活：

> 京师三日雪，雪尽泥方深。
>
> 闭门谢还往，不闻车马音。
>
> 西斋书帙乱，南窗初日升。
>
> 展转守床榻，欲起复不能。
>
> 开户失琼玉，满阶松竹阴。
>
> 客从远方来，疑我何苦心。
>
> 疏拙自当尔，有酒聊共斟。

　　从诗中我们可知，这段辞职后的时间，苏辙几乎都是在闭门谢客、读书自娱中度过的，而因为自己一腔热血参与变法，最后却被王安石等人评价为"保守派"，他亦觉得心中抑郁难平。所以，心中所有愁苦之情，怨而不怒和哀而不伤的情绪，就都寄托在这首诗中。他用淡远笔墨，抒发着心中情绪。

　　此次辞官，苏辙并未赴任河南府推官，反而去了陈州。因为苏辙迟迟没有赴任，宋神宗在熙宁三年（1070年）正月，又改任苏辙为中书省试点检试卷官，而此时正好张方平奉旨改知陈州（今河南周口）（他此次改职也是因为反对王安石变法），所以张方平便举荐苏辙为陈州学官。因此，苏辙便又辞去中书省试点检试卷官之职，与张方平一同离京去了陈州。

　　陈州原本是春秋时期陈国所在地，后来朝代更迭，几经变迁，到唐宋时期，才复设陈州。苏辙在熙宁三年春到达陈州后，联想自身境遇，即发思古之幽情，写下《初到陈州》，其一曰：

　　　　谋拙身无向，归田久未成。

　　　　来陈为懒计，传道愧虚名。

俎豆终难合，诗书强欲明。

斯文吾已试，深恐误诸生。

从上面这短短几句诗来看，苏辙自嘲政治主张太不合时宜，已经无法容身于朝廷，想归隐田园又生计无着落，因为懒得筹谋，才来陈州做学官。自己尚且难容于仕途，做学官恐怕会误人子弟。可见，苏辙来陈州做学官实属迫不得已，此时他正处于一种消极、苦闷、对未来略感迷茫的人生状态中。

不过，郁闷迷茫都是暂时的，人生还是要继续下去。苏辙在陈州一共待了三年零四个月，除了任职学官，还负责帮张方平起草部分文告和奏折，生活处于一种忙碌而淡泊舒畅的氛围中。这期间若说发生过什么大事，那就要算熙宁四年（1071年）三月，西夏攻陷大宋抚宁诸城，不但城池沦陷，而且宋军损兵折将，导致张方平大怒。张方平认为西北边防形势恶化，多因朝中王安石变法，所以立即上疏宋神宗论说此事，苏辙代张方平拟了《陈州为张安道论时事书》，文中批评宋神宗，指责王安石，让苏辙有机会将满腔怨怼一次抒发出来。

熙宁四年七月，苏轼路过陈州，特意来看苏辙，两兄弟晤面后，游览了当地山水。

苏轼此次到陈州，是因为奉诏以太常博士、直史馆通判杭州。这是兄弟二人自京城一别后，时隔一年半后的再次见面。因为赴任的时间比较宽裕，苏轼此次在陈州停留了七十多天，与弟弟苏辙好好聚了一番。

在陈州小住的日子，苏辙和苏轼经常畅谈对饮，出游赏景，足迹几乎遍布陈州。这期间，张方平调任南京留台，兄弟二人因感念张方平多年关照提携之恩，依依惜别，送张方平离开陈州。一直到当年九月，苏轼及家眷才又启程，从陈州向南去往杭州。

因王安石难容与自己意见不同的人，再加上宋神宗对变法一事鼎力支持，当时朝中反对变法的人，几乎都被王安石清除，连元老重臣也不例外，欧阳修亦在被除之列。

九月时，六十五岁的欧阳修致仕颍州。颍州距离陈州不远，且苏轼向南去杭州也要路过。所以，待苏轼九月向南进发时，苏辙一来为了送苏轼，二来为了拜访恩师欧阳修，两人便一起到了颍州。

此时致仕颍州的欧阳修，仍然神采奕奕，风骨不减，见到苏辙兄弟二人也十分高兴，滔滔不绝地与二人交谈。三人谈天赋诗，游览颍州，好不快活。

可惜，天下没有不散之宴席，数日后，苏轼也终要踏上南行赴任之路。两兄弟此次一别，又不知何时才能再见，遂二人惜别之时，又作《颍州初别子由二首》《次韵子瞻颍州留别二首》等诗，互为相赠。

颖州一别，除了不知何时能再与哥哥苏轼相见，苏辙也没料到，此番竟然是与恩师欧阳修的最后一次会面。自三人颖州相见后，不到一年时间，欧阳修就去世了，死时尚未满六十六岁。

苏辙为恩师故去痛不欲生，特写下挽词悼念欧阳修：

　……

　念昔先君子，尝蒙国士知。

　旧恩终未报，感叹不胜悲。

一句"旧恩终未报"，也诉不尽苏辙心中的遗憾和伤感。

苏辙在陈州任职期间，还被借调到其他地方去做事。熙宁五年（1072年）八月，苏辙被借调到洛阳妙觉寺担任举人科举的考官。借着此次借调，苏辙游览嵩山后，从许昌返回陈州，一路游玩纵赏自然风光，前后作诗二十六首，这些诗是他继与父兄南行后，又一次比较集中的记游诗。

时光飞逝，转眼间苏辙至陈州已有三年。北宋朝廷规定官员官职需三年一调，在任陈州学官期限已满后，熙宁六年（1073年）二月的时候，苏辙又被改调为颖州学官，不过仅在颍州任职两个月，因文彦博①守司徒兼侍中衔出判河阳（今河南孟县）的时候，偶见苏辙在颍州人地生疏、无依无助，于是便上书请改调苏辙为河阳学官，想着对苏辙照拂一二。不过最后诏令再次下来时，对苏辙的任命是齐州（今山东济南）掌书记，这才结束了苏辙的学官生涯。

不过，齐州掌书记仍是个不起眼的小官，只有从八品。当年和苏辙、苏轼两兄弟同榜进士的曾巩，早就已经任职齐州知州，且政绩显著，如今自己还是个掌书记，不免让苏辙觉得失望唏嘘。不过好在齐州的官员与苏辙政见相同，这使他在齐州为官和生活都还不错。

此时的苏辙已经三十五岁，从被王安石排挤离京，也已经过了三年多，仕途始终在低处徘徊，苏辙甚至萌生了退意。不过，此时又逢齐州大旱，苏辙政务繁忙，倒也暂时忘记了对仕途的退却之意。

在齐州的三年间，苏辙忙于政务，积极赈灾，游览齐州名山，踏遍千佛山、趵突泉，他越见底层百姓在旱灾和变法中遭受的苦难，就越多关于治理国家、建设法度的思考，

---

① 文彦博（1006—1097年），字宽夫，号伊叟。汾州介休（今山西省介休市）人。北宋时期政治家、书法家。宋神宗时，始终反对王安石变法，极力反对市易司差官监卖果实，出判大名、河南府，累加至太尉。

而这些所见所思，也都被苏辙记录在他的文章和诗词中。
如《舜泉复发》一诗：

> 奕奕清波旧绕城，旱来泉眼亦尘生。
> 连宵暑雨源初接，发地春雷夜有声。
> 复理沟渠通屈曲，重开池沼放澄清。
> 通衢细洒浮埃净，车马归来似晚晴。

这首诗记录的就是齐州大旱后，终于再逢大雨，当地
的舜泉再度涌出泉水的奇特风光。全诗语言质朴，细腻平
实，字里行间饱含对舜泉重发的欢悦。这是苏辙齐州任职期
间所见所思的一幅剪影，其清新雅淡，也是苏辙特有的诗歌
风格。

在齐州任职的这段时间里，苏辙写了不少佳作，如《和李
诚之待制燕别西湖》《题徐正权秀才城西溪亭》《齐州闵子祠堂
记》等。

苏辙外放为官的生涯，一直到熙宁九年（1076年）十月才
出现转机。此时苏辙三十八岁，他在齐州任职期满，正须返回
京城汴梁等候调差的旨意，而王安石则因变法失利，罢相退居
江宁府。没有了王安石的阻挡，苏轼、苏辙二人终于有返回京

城的机会。只不过，王安石罢相后，朝廷内的风气也并没有变好多少。没了王安石，还有很多新党，回京赴任这一趟，苏辙所见仍然是朝堂中的一片波谲云诡。

乌台诗案：纳官代兄罪

　　熙宁九年十月，苏辙只身返回汴京，等待朝廷调职。因王安石罢相所带来的一系列影响，当时朝中人事安排纷杂，一时之间没得空闲安排调整级别较低的官吏，所以苏辙的调令迟迟没有下达，他只好于京中苦苦等待。

　　在等候改官的这段日子里，苏辙对宋神宗罢王安石宰相之职却不废除王安石推行的新法政策感到十分不解，于是又上疏《自齐州回论时事书》《画一状》等文章，希望能改变当前朝廷仍旧推行王安石新政的状况。这些文章所写都是自己外放为官总结的治理经验，以及对王安石新政具体问题的分析。但无论有没有王安石，宋神宗都是主张变法的，所以自然不会采纳苏辙上疏的主张。苏辙对政事的一腔热血，对百姓苦难的同情和迫切改变现状之心，在朝廷这边又扑了个空。

直到熙宁十年（1077年）上元佳节后，苏辙才终于接到朝廷改官的通知。此次安排给苏辙的官职是著作佐郎，这是一个在京上任的官位，主要负责协助著作郎修撰国史和起居注。面对这样的改官结果，苏辙并不满意，也不太想做，但上启谢恩这样的基本礼仪流程还是要走的，于是在给神宗的《谢改著作佐郎启》中，苏辙进言道："迂拙之人，废弃已久。偶岁成之及格，蒙叙法之推恩。"向宋神宗表示自己没兴趣任职的意思。这时候，远在南京留守的张方平又帮了苏辙一把。张方平听闻苏辙的改官消息后，就极力上疏推荐苏辙，目的就是帮苏辙摆脱任职著作佐郎的尴尬，遂辟苏辙为南京（河南商丘西）签书判官。面对不想上任的苏辙和极力推荐的张方平，宋神宗只好又将苏辙改任为签书应天府判官。

苏辙原本以为自己在穷乡僻壤任职卑微的小吏七年之久，此次进京又逢王安石罢相，朝中格局和形势都有所改变，今时不同往日，凭自己的才华和见识，应该能再有一番作为。没想到，等来的却仍是一个不足八品的闲散著作佐郎，实在是拒之无由，任之不甘。还好张方平救他于水火，促成他任签书应天府判官，这虽然仍是个幕僚小吏，但却是一个有权职有事做的职位。这已经是苏辙第二次当张方平的幕僚，他心中对张方平的感激可谓诉之不尽。

而此时另有一个好消息，苏轼在密州（今山东诸城）的任期也满了，回京述职改任。此次苏轼转知徐州，苏辙欲去南京府赴任，两人又有机会相见。

熙宁十年四月，苏辙送哥哥苏轼去徐州赴任，过南京府。兄弟二人顺路过宿州，去张方平所居乐全堂拜谒。在宿州时，兄弟二人都有作诗，发表对仕途的感慨，苏辙在《次韵宿州教授刘泾见赠》中说："弦歌更就三年学，簿领唯添一味愚。"感叹多年仕途失意。而苏轼则在《宿州次韵刘泾》中说："晚觉文章真小技，早知富贵有危机。"感叹做文章不过雕虫小技，真正的仕途则十分险恶。可见，因兄弟二人际遇不同，在仕途摸爬滚打多年，都有各自感悟，但大抵失望居多，得意甚少。

当年四月二十五日，兄弟二人抵达徐州。徐州自古是南北交接之地，军事历史名城，城中内外有不少名胜古迹可游览瞻仰。苏辙二人在徐州同游数日，其间观古迹、访寺庙、泛舟游湖，并作诗篇，又收获不少好文章。此次路过徐州与苏轼小聚，一直到当年八月，苏辙才离开徐州到南京府赴任。

苏辙前脚刚离开徐州没多久，当地就发生了特大洪水。苏轼在徐州任职期间，积极组织百姓防洪。洪水退去后，苏轼又带着徐州百姓一起修筑城墙以防洪水再来，其爱民如子、实干救城的行为深受百姓爱戴。

到了宋神宗元丰二年（1079年）二月，苏轼罢任徐州，又改任湖州。让两兄弟没想到的是，就是在湖州任职期间的一件小事，几乎给兄弟二人带来灭顶之灾。

元丰二年七月，在南京签判任上每天忙忙碌碌的苏辙没想到，因为哥哥苏轼一次简单的上疏，居然引发了一场政治风波，兄弟二人深陷政治旋涡中，即将步入人生低谷，面对一系列难题。而这一切的起因，居然只是苏轼从徐州调任湖州后，例行公事发表的一篇《湖州谢上表》，而这篇上表引发的政治风波，正是宋朝历史上有名的"乌台诗案"。

《汉书·薛宣朱博传》中记载，御史台中有柏树，树周有野乌鸦数千栖居，故称御史台为"乌台"，亦称"柏台"。苏轼因为这场文字狱，被抓进乌台，关押了四个多月，这也就是"乌台诗案"名字的由来。而这件事的起因，则又要从苏轼调任湖州说起。苏轼从小就是个豪放不羁、心直口快的性格，弟弟苏辙经历官场磋磨，有所感悟，就曾经多次劝他要以言为诫，在官场中学会收敛，以防别人从他外露的文章和话语中曲解意思，但苏轼却对此并不甚在意。也就是他这种不在意，惹出了大祸。

宋朝官员调任后，都要走个过场，上表皇帝表示感谢。

苏轼转知湖州后，也照例给宋神宗写了一道谢表。在这篇《湖州谢上表》中，苏轼说宋神宗："知其愚不适时，难以追陪新进；察其老不生事，或能牧养小民。"问题就出在这几句话上。当时王安石已经下台，新党正处于群龙无首，需要杀鸡儆猴、快速立威的时期，而此时天下文士领袖欧阳修已故，苏轼是当时文坛最有代表性的人物，且苏轼过去的一些诗文中就对国事朝政和变法改革之事多有议论。这回为了立威，新党先锋代表人物李定、舒亶等人就开始在苏轼文章中牵强附会地找证据。这些人揪住苏轼谢表中的话，说苏轼将自己和"新进"相对，说自己不"生事"，实际是在含沙射影地暗示"新进"人物"生事"，是对朝廷改革的讥讽。除了这篇谢表，御史台还用苏轼的一本诗集作为指控他的证据。苏轼好写诗，将自己的诗集结成册后曾分享给司天监官员沈括（也就是我们熟知的那个写《梦溪笔谈》的沈括）看。沈括这人拥护新法，他看着苏轼诗集中对时事的一些评论和感慨，咬文嚼字，越发觉得不对劲，认为苏轼在贬低新法，妄自尊大，于是便将诗集呈给神宗，指控苏轼对朝廷不满。

于是，这案子就到了御史台，由李定、舒亶、何正臣等新党人士一起调查。这些人将苏轼的诗文都翻找出来，逐字分析，从苏轼那些牢骚话语和寻常记录中断章取义，最后给苏轼定了"怙终不悔，其恶已著""傲悖之语，日闻中外""言伪而辨，行伪而坚""陛下修明政事，怨己不用"四大罪状。苏轼被关押在乌台狱中，日日惶惶，凄惨至极，不是被辱骂就是被恫吓，要他承认自己愚弄朝廷、毁谤国事的罪行。在数月精神压力和折磨下，苏轼也不得不写下数万字的交代材料。

此时，苏辙听闻苏轼入狱的消息，心中焦虑，却又无计可施。这种事情本来就需要大量钱财打点，请人奔走营救，但苏辙为官多年都是低微小吏，自己尚且一贫如洗、身无分文，若想筹借钱财营救兄长，又恐怕会落人口实，反而加重苏轼罪名。所以，思来想去，苏辙想到一个为兄纳官戴罪的方法。

宋代法律中有"抵徒"一说，也就是以官抵刑的制度①。如今苏辙身无分文，营救兄长无门，唯有一顶小小乌纱帽还算有用，他希望用自己卑微的官职解救哥哥。

决定之后，苏辙便向宋神宗上呈了一封《为兄轼下狱上书》，书中说：

---

① 制度规定，官员如果犯私罪，五品以上官吏，用官职可以抵徒二年，九品以上官吏，用官职可以抵徒一年。

臣闻困急而呼天，疾痛而呼父母者，人之至情
也……臣欲乞纳在身官，以赎兄轼。……

骨肉至亲，手足情深，都是人之常情，苏辙想用自己的
官职帮哥哥顶罪，希望神宗应允。只不过，这份上疏最后也没
有回音，苏辙别无他法，只能凑些银钱，拜托朋友给苏轼送去
一些吃的，让哥哥在狱中少受些苦。除了苏辙为哥哥苏轼入
狱之事忧心奔走，苏轼昔日师友故交，如张方平、司马光、范
镇等人，都上疏为苏轼求情，就连罢相的王安石，也向宋神宗
上疏，劝告其莫要诛杀苏轼这样有才学的士子。后来，连当时
年岁已高，又身患重病的太皇太后曹氏也来为苏轼理论，说起
当年仁宗在位，苏轼和苏辙两兄弟同榜登科，仁宗盛赞二子的
情景。

这边一众重臣为苏轼上疏辩论求情，那边新党鼓动神宗
杀掉苏轼。在双方多番拉锯，神宗权衡利弊之后，最终在元丰
二年（1079年）十二月，宋神宗下达圣旨，将苏轼贬去黄州，
责授检校尚书、水部员外郎充黄州团练副使，但不准苏轼擅自
离开黄州地区，也无权签署公事。而苏辙虽然与此事没有密切
关系，也并未写过什么毁谤朝廷的诗文，但因为兄弟连带关
系，亦遭到降职处分，被贬到筠州（今江西高安），任筠州盐

酒税，也就是负责盐酒税收的小官，且五年不得调任。此时，苏辙已经四十一岁了，从当年进士及第、制科登榜后，一直没有做过什么有权的大官，所任都是低微小吏，仕途可谓黯淡无光，极为不顺。而此番因为哥哥的关系，苏辙还要在筠州这个地方度过五年清贫岁月。

贬谪筠州：五年卖盐酒

　　这次乌台诗案风波之后，若说唯一能让苏辙和苏轼两兄弟稍感欣慰的事，就是两人被贬的黄州和筠州距离不远，苏轼虽无法出黄州，但苏辙可以过去看望哥哥。两人在贬谪的几年中多次见面，游览黄州楼台风景，写下众多脍炙人口的诗篇。贬谪黄州和筠州的岁月，也是苏轼和苏辙诗词文章最高产的几年。当然，这还是后话，此时值被贬之初，兄弟二人各自赴任，面对的还是一片狼藉的全新环境。

　　元丰三年（1080年）正月元宵节过后，苏轼从汴京向南，赴贬所黄州，因中间会路过陈州，苏辙特意到陈州为苏轼送行。见面之后，兄弟二人都觉伤感凄惶，有感于弟弟苏辙不顾自己的艰难处境，也要冒着风雪严寒前来相送，苏轼还写了一首《子由自南都来陈三日而别》，记录苏辙对自己的送别：

夫子自逐客，尚能哀楚囚。

奔驰二百里，径来宽我忧。

……

可见，苏轼此番见到苏辙，既感慨于彼此之间手足情深，在心中慰藉之余，又对连累弟弟至此深感不安。

送别完苏轼，苏辙也该带着家人一起去筠州赴任了。此时，张方平已致仕居家，苏辙南赴筠州，张方平还特意前来相送，这让苏辙感动不已，在与张方平话别时，两人都涕泪纵横，泣不成声。但对于此次被贬筠州，苏辙心中并没有那么伤感，反而看得很开。他觉得自己原本官职就不算大，如今降为筠州盐酒税这种微末小官，倒也不是多难以接受的事。

所以，去筠州赴任这一路上，苏辙一边走一边顺路游览沿途美景，一时间诗兴大发，作了不少诗作。

他先路过龟山，想起十四年前为父亲扶柩路过此地，感慨物是人非，自己华发渐衰，思及前途未卜、祸福难料，于是作《过龟山》："再涉长淮水，惊呼十四年。龟山老僧在，相见一茫然。……"感叹人生失意与无奈。五月初，苏辙与家人过高邮、扬州、润州、金陵等地，在《放闸二首》中，苏辙描写运河闭闸和开闸的壮阔，用"渊停初镜净"和"势转忽云崩"作

比喻；游览金山时，又写山色远景是"隐隐大如帻"，像头巾
大小，近看"孤高二千尺"，而等到太阳出来，整座山又金碧
辉煌；路过金陵写《游钟山》，则记录当地景色：

> ……
>
> 石梯南下府城闉，松径东蟠转山谷。
>
> ……

路过九华山则感叹：

> ……
>
> 忽惊九华峰，高拱立我前。
>
> 萧然九仙人，缥缈凌云烟。
>
> 碧霞为裳衣，首冠青琅玕。
>
> 挥手谢世人，可望不可攀。
>
> ……

　　诗句字里行间均是闲淡高雅之意境，可见其当时心情应该
也并不如外界猜想的那样苦闷，反而对即将面对的盐酒税生涯
很是从容自若。

　　筠州是一座名不见经传的偏僻山城，苏辙刚来到这里的

时候，筠州洪水过境，城内水深将近一丈，全家连居住的地方都没有。直到元丰三年末，才算修好了一个盐酒税官居住的官所。为了方便办公起居，之后苏辙又在官舍东面修建了一个敞开式的廊榭，称为东轩，并作散文《东轩记》记录他在筠州盐酒税任职这段时间的生活。

盐酒税虽然只是微末小官，但因为盐酒都是国家高税收内容，即使基层工作也责任不小，加上筠州官府人手短缺，苏辙在筠州的几年里，政事十分忙碌。其生活基本只剩下努力工作、读书著文、为家庭生计劳苦，以及偶尔去黄州看望哥哥苏轼，所以才会在诗文中写下"五年卖盐酒，胜事不复知"这样的句子。

被贬筠州的苏辙心中已经有了归隐之意，他当时向往古代名士大儒甘于贫贱的生活，认为学而优未必为了入仕，能追求理想，忧道不忧贫，就是人生快乐境界，只希望以后"使得归伏田里，治先人之敝庐"。然而，忧虑多思向来是千古文人相通的弊病，虽然苏辙心中向往那份旷达，但是毕竟眼前是贬谪筠州的清贫现实，还是政治前途未卜的忧虑，还是举家经济负担和哥哥黄州处境艰难的担心与苦闷。于是，当苏辙听闻哥哥在黄州自号"东坡居士"，他在筠州闲暇动笔时，就自号"东轩长老"了。他还爱上了饮酒，经常用酒来排遣自己心中的这些烦闷，在诗酒中遥想那份求之不得的旷达人生。

　　"微官终日守糟缸"的盐酒税工作没做多久，苏辙就因饮酒过量病倒了。虽然说"古来圣贤皆寂寞，惟有饮者留其名"，但饮酒这事并不适合每个人，苏辙素来有肺脏和脾胃旧疾，如今又终日饮酒过量，病倒也不算稀奇。为了此事，苏辙还特意写了一篇《饮酒过量肺疾复作》：

朝蒙曲尘居，夜傍糟床卧。

鼻香黍麦熟，眼乱瓶罂过。

囊中衣已空，口角涎虚堕。

啜尝未云足，盗酾恐深坐。

使君信宽仁，高会慰寒饿。

西楼适新成，明月犹半破。

拥檐青山横，拂槛流水播。

雕盘贮霜实，银盎荐秋糯。

共言文字欢，岂待红裙佐。

惟知醍醐滑，不悟颇罗大。

夜归肺增涨，晨起脾失磨。

情怀忽牢落，药饵费调和。

衰年足奇穷，一醉仍坎坷。

清尊自不恶，多病欲何奈。

闻公话少年，举白不论个。

歌吟杂嘲谑，笑语争掀簸。

平明起相视，锐气曾未挫。

达人遗形骸，驽马怀豆莝。

不知逃世网，但解忧岁课。

不见独醒人，终费招魂些。

这首五言古诗记录了苏辙生病的感受和状况，"朝蒙曲尘居，夜傍糟床卧"，可见苏辙当时的病情已经很严重了；"衰年足奇穷，一醉仍坎坷"，苏辙对自己仕途不顺和疾病缠身的情况，生出一份无可奈何的情绪；而"不知逃世网，但解忧岁课"，困于尘世纷扰，岁岁忧愁的生活，已经让苏辙身心疲惫。于是，病痛缠身的苏辙只好向知州请假养病，一直到年底腊月才算勉强痊愈。

苏辙虽然是被贬筠州，但他在文坛一直享有盛誉，地方大儒士子和各级官吏也都十分敬重仰慕苏辙，在苏辙发病时纷纷关照问候或前来探病。不过，苏辙经历数次贬谪，如今又患病，情绪难免消极颓丧，所以在筠州期间并未过多与友人交流，多数时间都是闭门简居，除了忙碌工作，就是读书写文，交游范围并不广，主要相交的两类人物，一是爱好文章又淡泊名利的布衣君子，二是德才兼备，却参禅悟道、遁迹空门的世外之人。

在元丰四年（1081年）之后的四年中，苏辙的文学创作达
到新高峰，不但产出诗歌、散文数量众多，而且随着心情的转
变和对筠州生活的适应与接受，苏辙作品中那种苦涩、忧愁、
伤感、不甘之情逐渐淡去，反而开始有一种清新脱俗和超然畅
达隐于字里行间。

如《雨后游大愚》诗云：

> 风光四月尚春余，淫雨初干积潦除。
> 古寺萧条仍负郭，闲官疏散亦肩舆。
> 摘茶户外烝黄叶，掘笋林中间绿蔬。
> 一饱人生真易足，试营茅屋傍僧居。

此诗短小精悍，但在写景叙事中却表达了自己恬淡满足、
悠然自得的心情，整首诗给人以清新开阔、自然宁静的感觉。

《次韵子瞻临皋新葺南堂五绝》其中有一首写：

> 江声六月撼长堤，雪岭千重过屋西。
> 一叶轩昂方断渡，南堂萧散梦寒溪。

所描绘情景亦真亦幻、虚实莫测，乍看仿佛此情此景近
在眼前，但倏忽又在千里之外。诗中的高远意境和磅礴气势，

给读者无限遐想，让"南堂"的魅力在诗文字句间倍加引人入胜，可以说此诗是苏辙诗歌创作中的上上佳品。

总的来说，苏辙被贬筠州这段时间，虽然因受到哥哥苏轼的牵连，仕途发展受到限制，五年之内不能调任，在刚开始任职盐酒税的时候也有委屈和落寞。但在筠州茂林山水间的简单生活，也逐渐让他释怀，不再纠结于仕途无望，反而专注诗文，写下许多佳作，后来因为患病养生，又开始关注佛学，闲暇时间注释《诗经》《春秋》《老子》等经典，聊以抒怀。这些变化让苏辙重返质朴本性，减少了之前的忧虑，逐渐达到一种"是非荣辱不接于心"的境界。且被贬筠州的五年，也让苏辙与哥哥苏轼有了更多相见的机会。两人纵游黄州，手足情深得以慰怀。

寄情山水：散文慰兄怀

  苏辙被贬筠州的五年间，曾多次去黄州看望哥哥，一方面想尽绵薄之力，在生计方面尽量帮衬苏轼，另一方面也是因为苏轼不能出黄州，自己前去看望，也或多或少能帮哥哥排遣抑郁的情绪，使其心中宽慰少许。

  苏轼初到黄州时，因迁居辗转花费不少，自己本来就不善理财，被贬谪后收入骤减，支撑一家大小十来口人花销实在艰难，生活过得十分清贫。当时很多昔日旧友因怕被苏轼牵连，遂与之断了往来，只有弟弟苏辙和朋友秦观经常写信询问他的近况，希望能助他一臂之力。苏轼回信给二人诉说家中生活状况，这二人也总会倾囊相助，尽力帮他渡过生活上的难关。当时苏辙的贬谪生活也是捉襟见肘，端午节时偕妻儿去黄州探望苏轼一家时，苏辙为了让一家人能有一桌丰盛一些的饭菜，特意将自己好一些的衣服拿去当铺换钱，希望能让困居黄州的哥哥享受眼前团聚的快乐。

在两家生活压力都很大的情况下，苏辙仍然经常接济哥哥苏轼，凡是哥哥需要时，他总是倾囊相助。待罪黄州阶段，因苏轼背负不忠于朝廷的罪名，所以昔日亲友都疏远他，这使苏轼觉得十分孤独、不平和委屈。只有弟弟苏辙隔三岔五去探望他，陪苏轼共游论道、写诗著文，才让苏轼逐渐从阴霾情绪中走出。尤其苏辙在这期间陪哥哥出游，在自己寄情山水之余，也借散文开解哥哥苏轼被贬黄州的抑郁之心，是二人兄弟情深的另一番含蓄表达。

谪居筠州阶段，是苏辙一生中文学创作的丰收岁月。从奔赴筠州到在筠州谪居的这段时间中，苏辙共作诗二百七十首。而被贬黄州的苏轼，在赴黄州和在黄州期间所作诗不过一百七十一首。从此即能看出双方心境、情绪上的差异。可见，此时的苏辙对官场失意已经逐渐看开，将情志渐渐转移到筠州的山水之间，转移到文学艺术创作之中。苏辙在诗歌方面的创作，一直较哥哥苏轼略显逊色，但其散文成就却可和苏轼比肩，尤其在筠州为官期间，其散文成就尤为突出。

苏辙在这一期间前后完成了近十篇高质量散文，如《上高县学记》《光州开元寺重修大殿记》《庐山栖贤寺新修僧堂记》等，而其中最著名，也最能代表苏辙此时散文创作水平的，就

是《武昌九曲亭记》和《黄州快哉亭记》，两篇散文状难状之
景，抒愁苦之怀，读之能获得文学和艺术上的双重享受。

　　元丰五年（1082年）五月的时候，苏辙去黄州看望苏轼，
二人同游武昌（今湖北鄂城）西山九曲岭，此处有三国时期孙
吴所建的九曲亭，站在九曲亭中赏江山壮阔，怀思古幽情，兄
弟二人互相用诗赋唱和，苏辙就是在这个地方忽然文思泉涌，
落笔成文，写下《武昌九曲亭记》：

　　　　子瞻迁于齐安，庐于江上。齐安无名山，而江之
　　南武昌诸山，陂陁蔓延，涧谷深密，中有浮图精舍，
　　西曰西山，东曰寒溪。依山临壑，隐蔽松枥，萧然绝
　　俗，车马之迹不至。每风止日出，江水伏息，子瞻杖
　　策载酒，乘渔舟，乱流而南。山中有二三子，好客而
　　喜游。闻子瞻至，幅巾迎笑，相携徜徉而上。穷山之
　　深，力极而息，扫叶席草，酌酒相劳。意适忘反，往
　　往留宿于山上。以此居齐安三年，不知其久也。

　　　　然将适西山，行于松柏之间，羊肠九曲，而获少
　　平。游者至此必息，倚怪石，荫茂木，俯视大江，仰
　　瞻陵阜，旁瞩溪谷，风云变化，林麓向背，皆效于左
　　右。有废亭焉，其遗址甚狭，不足以席众客。其旁古
　　木数十，其大皆百围千尺，不可加以斤斧。子瞻每至

其下，辄睥睨终日。一旦大风雷雨，拔去其一，斥其所据，亭得以广。子瞻与客入山视之，笑曰："兹欲以成吾亭耶！"遂相与营之。亭成而西山之胜始具。子瞻于是最乐。

昔余少年，从子瞻游。有山可登，有水可浮，子瞻未始不褰裳先之。有不得至，为之怅然移日。至其翩然独往，逍遥泉石之上，撷林卉，拾涧实，酌水而饮之，见者以为仙也。盖天下之乐无穷，而以适意为悦。方其得意，万物无以易之。及其既厌，未有不洒然自笑者也。譬之饮食，杂陈于前，要之一饱，而同委于臭腐。夫孰知得失之所在？惟其无愧于中，无责于外，而姑寓焉。此子瞻之所以有乐于是也。

此文共分三段，开头第一段先从宏观叙事角度，记叙苏轼谪居黄州这三年和几个友人游览武昌西山、观赏风景的大致经过，从谪居起笔，先制高扼要，总领文章，随后自然地用一句"齐安无名山"带过，将笔触从黄州转移到武昌西山，词句利落，笔触蜿蜒，已有龙蛇屈曲之势。在简练地正面勾勒后，又用简练传神的笔触刻画武昌诸山远景，而后借描写西山、寒溪、寺院，体现西山之幽绝，过渡自然地引出苏轼与客游玩，寥寥数语传递人物风貌。第二段则是从结构应题着手，写苏轼重新扩建九曲亭经过。第三段则从自己西山之行的亲身经历，联想起少年时代自己与哥哥苏轼共游山川的一些经历，进而抒发自己对人生际遇的一些看法，希望这些看法能开导和安慰苏轼。此文虽然是一篇记事散文，但文章构思巧妙，特点突出，叙事写景处空灵淡泊，能让人物心境与山水情趣交融。全文用词洗练清丽，使人读之倍感清新，具有浓郁的情绪感染力。

在元丰六年（1083年）十一月，苏辙又去黄州探望哥哥苏轼，当时苏轼的好友张梦得也同样被贬黄州，屈居主簿这样的小官。说张梦得这个名字大家可能不熟悉，梦得为字，这位主簿其实就是苏轼半夜敲门叫起来聊天，说"怀民亦未寝"的那位"大名鼎鼎"的张怀民。张怀民虽然被贬黄州，但他心胸开阔，不焦虑烦闷于贬谪之事，反而在当地怡然自乐，还在住所旁修建了一座亭子，以做览胜江山之用，并让苏轼帮忙取名为"快哉亭"。恰逢苏辙去黄州看哥哥，兄弟二人便一起拜访张怀民，三人同游快哉亭，苏辙应邀，即兴为游览此亭写了一篇《黄州快哉亭记》：

江出西陵，始得平地，其流奔放肆大。南合湘、沅，北合汉、沔，其势益张。至于赤壁之下，波流浸灌，与海相若。清河张君梦得谪居齐安，即其庐之西南为亭，以览观江流之胜，而余兄子瞻名之曰"快哉"。

盖亭之所见，南北百里，东西一舍。涛澜汹涌，风云开阖。昼则舟楫出没于其前，夜则鱼龙悲啸于其下。变化倏忽，动心骇目，不可久视。今乃得玩之几席之上，举目而足。西望武昌诸山，冈陵起伏，草木行列，烟消日出。渔夫樵父之舍，皆可指数。此其所以为"快哉"者也。至于长洲之滨，故城之墟，曹孟德、孙仲谋之所睥睨，周瑜、陆逊之所骋骛，其流风遗迹，亦足以称快世俗。

昔楚襄王从宋玉、景差于兰台之宫，有风飒然至者，王披襟当之，曰："快哉此风！寡人所与庶人共者耶？"宋玉曰："此独大王之雄风耳，庶人安得共之！"玉之言盖有讽焉。夫风无雌雄之异，而人有遇不遇之变；楚王之所以为乐，与庶人之所以为忧，此则人之变也，而风何与焉？士生于世，使其中不自得，将何往而非病？使其中坦然，不以物伤性，将何适而非快？

今张君不以谪为患，窃会计之余功而自放山水之间，此其中宜有以过人者。将蓬户瓮牖无所不快；而况乎濯长江之清流，揖西山之白云，穷耳目之胜以自适也哉！不然，连山绝壑，长林古木，振之以清风，照之以明月，此皆骚人思士之所以悲伤憔悴而不能胜者，乌睹其为快也哉！

元丰六年十一月朔日，赵郡苏辙记。

这篇文章虽然是《武昌九曲亭记》的姊妹篇，但文章气势、意境、用词，却又都高于前者，几乎可以跻身苏辙一生中散文顶尖作品之列。

全文分为四段，先叙张怀民建亭子的事，因为快哉亭建设之初的目的就是用来观览江山盛景，所以苏辙开篇先不写亭而写江，先描绘长江从西陵峡涌出后，奔腾向东流泻的壮阔景观，写江面宽广惊人的水势，全段为后面立于亭中凭吊历史遗迹、观览江山盛景的愉悦心情设伏笔。

然后再解释"快哉亭"命名的由来，紧扣文题交代张怀民建造亭子的目的，也点明快哉亭命名之人是苏轼，将建亭和亭子命名紧密结合起来。

接着开始就"快哉"二字畅言议论，称赞张怀民情怀之坦然。苏辙在这部分主要分为两个层面来写，第一层写站在快哉亭上看到的长江景物，并分为白天和夜间不同时间的景色来描绘，用词简练精湛，却能见恢宏开阔的气势，让人读起来有沁润心脾的清冽之感。随后苏辙又描写立于快哉亭向西所能见到的诸山景色，山峦起伏、草木苍翠，让人一见就在心中产生快感，这就是此亭名为快哉亭的另一缘由。

再接下来第二层，苏辙呼应前文"至于赤壁之下"，写凭吊三国遗迹的"快"，点出身处亭中，遥想历史风流人物遗迹，自然让人称快。之后苏辙又引用诸多历史解释"快哉"这一主题，我们不一一细说，用心去读这篇《黄州快哉亭记》，必然能体会到苏辙想强调的"快哉"心情不全取决于景物境遇，而是在人心，要有乐观的人生态度和处世态度，即使面对苦难，也要坦坦荡荡地坚守本心。这"快哉"二字，苏辙是对哥哥苏轼和张怀民说的，也是对自己贬谪筠州、仕途不顺的劝解和宽慰。

所以说，在苏轼被贬困于黄州、苏辙贬谪筠州的这五年中，苏辙对哥哥苏轼的倾囊相助并不仅仅局限于经济，更多是在精神方面帮苏轼排解孤独、抑郁、苦闷的心情。

他用山水散文告诉哥哥也告诉自己"风无雌雄之异，而人有遇不遇之变"，所以做人就要"不以物伤性，将何适而非快"。也就是说，风没有雌雄的分别，但是人有生得逢时和生不逢时的差别，所以我们只有保持心情开朗，不因环境的影响去伤害自己的情绪，才能不论在何时何地都觉得快乐。

也许，正是因为苏辙这样乐观开阔的心态，才能坦然面对筠州谪居的漫长五年。到了元丰七年（1084年）三月，哥哥苏轼再次收到宋神宗亲下的手诏，恩赐调去汝州。不久之后，苏辙在筠州的任期也满，终于可以调任，被量移为歙州绩溪县令。

移官绩溪: 治绩得民心

在苏轼从黄州调任汝州不久, 就有消息说苏辙将移官真州 (今江苏仪征) 或者扬州一带, 但后来不知什么原因, 元丰七年九月, 苏辙没有去真州或扬州, 而是被任命为歙州绩溪县令, 此时苏辙已经四十六岁。

绩溪县是个方圆不大的小山城, 不过好在当地民风淳朴, 民无尤行, 暂时也没有什么自然灾害发生, 相比五年前筠州的境况应该会稍好一些。不过, 从十九岁进士及第, 到如今四十六岁, 辗转大半生, 也才混了个七品县令这样的芝麻绿豆官, 还是让苏辙有些失落的。

县令虽小, 却有实权, 这是苏辙为官多年来第一次当上有实权的地方小官。心系百姓的苏辙内心还是有一些小激动的, 怀着在其位谋其政的想法, 他希望能在绩溪县令这个位

置上有所作为。苏辙在元丰七年（1084年）年底离开筠州赴
绩溪任，实际上在元丰八年（1085年）春天才达到绩溪县，
正式上任。

对贬居筠州五年的苏辙而言，此番北调绩溪任职，仿佛囚
鸟挣脱樊笼、游鱼重回大海，终于有机会出去走走看看，一扫
过去五年沉闷之气。于是，此次去绩溪赴任途中，苏辙又顺路
游览了一番沿途景色。路过庐山的时候，已是早春时节。冰雪
消融、万物复苏，连带自己的仕途也有新发展，苏辙不禁精神
振奋，观庐山时即兴赋诗，写了《再游庐山三首》，其中一首
写道：

当年五月访庐山，山翠溪声寝食间。

藤杖复随春色到，寒泉顿与客心闲。

当年路过庐山还是被贬筠州前，如今虽算不上升职，但
是时间流逝、人事多变，再路过庐山，还是让苏辙发出阵阵感
慨。从"春色""客心闲"等用词，可以看出此时苏辙心情愉
悦，应该还是为能移官绩溪高兴的。

除了再游庐山的快乐，苏辙仍有对自己仕途不得志的不甘
和叹息。刚抵达绩溪时，苏辙在《初到绩溪视事三日出城南谒
二祠游石照偶成四小诗呈诸同官·梓桐庙》中写道：

行年五十治丘民，初学催科愧庙神。

无限青山不容隐，却看黄卷自怜贫。

雨余岭上云披絮，石浅溪头水蹙鳞。

指点县城如手大，门前五柳正摇春。

苏辙感叹自己将近五十岁才刚得一个有实权能治理百姓的小官，而这个县令所管辖的地方"如手大"，事实虽是如此，但苏辙自己写进诗里评论此事，应该还是对自己仕途不顺和不得志的自嘲。

不知是因为水土不服还是什么原因，到绩溪不久，苏辙和家人就生病了，且苏辙的病情拖沓得比较久，任职半年多，苏辙光是生病的日子就有两个多月。

苏辙自幼就有一些旧疾，当初被贬筠州时，因为饮酒过量也曾大病过很长一段时间。那段时间，因为生病，也因哥哥苏轼的影响，他对佛道学问开始感兴趣，当时闭门少出、交友不广，又为抒怀养生，苏辙流连于当地寺庙中，与寺中僧人参禅论道，修身养性，打发时光，写了不少游记诗作，诗中亦涉及佛道思考，字句间可见其心境变化。比如："欲求世外无心地，一扫胸中累劫尘。方丈近闻延老宿，清朝留客语逡巡。"可见佛道正逐渐成为苏辙的精神依托，他不再如年轻时一样，对佛道只是文化层面的欣赏，而开始更注重对佛道的思考和深挖。

苏辙在《复病三首》诗中写："药乱曾何补，心安当自除""委顺一无损，力争徒自伤"。又在《病退》诗中写："此间本净何须洗，是病皆空岂有方。"从这些生病时所作诗文中，我们都能感受到苏辙在思想上逐渐对佛道的依赖。

生病这段时间里，苏辙数次想过因为生病不能理政，应该辞官，但转身想到全家生计问题，又觉得这官不能辞，还是得坚持。于是，苏辙在绩溪期间，即使生病也还是勉强升堂处理政事，在绩溪县民间赢得了不错的口碑。

尤其是推迟搜括民马这件事，更是让绩溪人民拍手叫好。当时朝廷下旨，让江南各个县给广西买战马，可江东一直缺马，每个县中不过也就十来匹马，于是很多官员趁搜括民马的机会敲诈勒索。到苏辙这边，他给县尉的回复则是："事忌太遽，徐为之备可也。"苏辙并没着急干这件事，而是多方询问，了解绩溪存马的情况，并说如果广西那边派人来取马，就给他们，如果不来人取，就算了。最后，广西那边果然没来人，取马之事不了了之，绩溪县人民也就免了这顿骚扰。

苏辙这种能拖就拖、能不办就不办的解决方式虽然并不费力，只是保护民生的一点小小举措，但绩溪百姓都惦记苏辙的好，对苏辙感激涕零，百年后还在当地建祠纪念苏辙，当地还有"景苏楼""来苏桥",都是当地百姓为纪念苏辙所命名。

　　苏辙调任绩溪没多久,朝廷还发生了一件大事:元丰八年(1085年),宋神宗驾崩,未满十岁的宋哲宗继位。朝中变天,距离苏辙回京的时间也不远了。

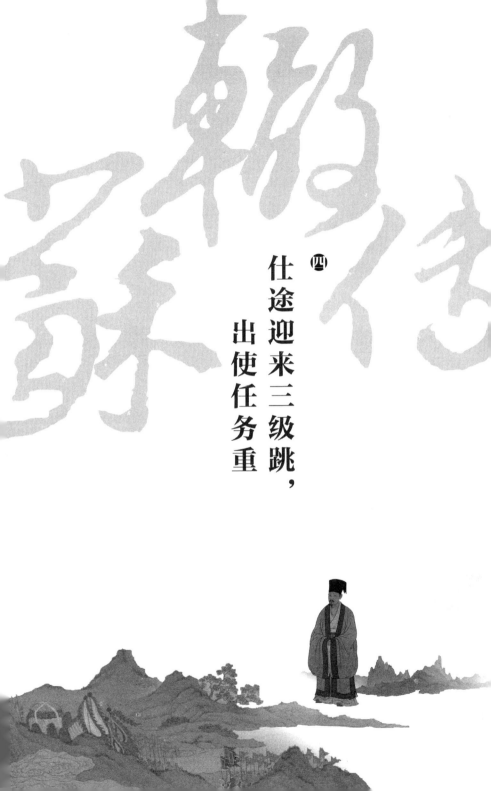

（四）

仕途迎来三级跳，
出使任务重

朝野惊变：苏子由升迁

　　宋神宗是一位极具改革精神的皇帝，他在位期间大力支持王安石变法，希望通过推行新法，改变北宋当时积弱积贫的问题。不幸的是，新法这剂猛药并不适合当时的大宋，不但没有解决问题，反而进一步激化了社会矛盾。王安石变法轰轰烈烈推行了十六年后，终于黯然收场。但是，王安石罢相出京并不意味着新法推行的落幕，毕竟宋神宗主张改革，所以朝中新党实力仍然很强，从"乌台诗案"这次苏轼、苏辙两兄弟的无妄之灾来看，就能理解新旧党派之间斗争较量的严重性。

　　因为推行新法，整个国家已经变得岌岌可危，不但民间怨声载道、矛盾激烈、人民贫困，就连大宋周边的西夏和契丹也虎视眈眈，导致大宋内忧外患严重，而宋神宗在多方压力下，身体也每况愈下，到了元丰八年二月的时候就已病入膏肓，无法处理朝政。无奈之下，只好立宋神宗当时不满十岁的儿子赵佣为皇储，并由高太后暂时听政。

高太后是宋仁宗曹皇后的外甥女，经历仁宗、英宗、神宗三朝，在国事政治方面具有丰富的经验。神宗病重后，他的两个弟弟也都曾觊觎皇位，但高太后手段雷厉，一番谋划还是将赵佣推上了太子之位。神宗驾崩后，赵佣立即登基，改年号元祐，是为宋哲宗，而自此高太后也开始了长达八年的垂帘听政。

早在宋神宗在世时，高太后就反对变法，认为新法是破坏祖宗家规、坑害天下百姓的事。所以，自高太后听政后，就立刻召回了当初极力反对变法的司马光。王安石变法时期，宋神宗支持变法，而司马光反对变法，双方产生了严重的政见分歧，司马光便隐居洛阳十五年未涉朝政。如今司马光被高太后召回，就立刻打出"以母改子"的旗号，欲废除新法，重整法度。

高太后为宋英宗的皇后、宋神宗的母亲，所以司马光才敢打出这样的旗号。在他重回朝堂之后，不但全面废除新法，而且重新将那些变法期间被迫害的大臣收拢回来，再逐一起用。像吕惠卿、蔡确、章惇这些支持变法的人，则被逐出朝廷，不再受用。

其实，苏辙能从筠州调任绩溪县，初得有实权的县令一职，就是因为当时神宗病重，高太后改弦更张，逐渐解除当年因反对新法而被贬谪之人的束缚所做的调整。

高太后垂帘听政后，立刻就采取了一系列大刀阔斧的措施废除新法。她先是在神宗驾崩后的当月，即下令废止"免役法"，借这一举措公开向朝野表明了自己对新法的反对态度，之后她又于当年七月、十一月、十二月先后下令，废止了"保甲法""方田均税法""保马法"和"市易法"，至此，王安石多年推行新法中经济改革方面的措施几乎全被废止。与此同时，为全面促成废除新法的行动，高太后还对朝廷人事安排做出了调整。除了前面提到的召回司马光，命其担任门下侍郎，之后她又召回了反对新法一派中的中坚人物吕公著[1]，命其出任尚书左丞，同时还给一些当初反对新法的人都任命了新职位。

苏轼和苏辙兄弟二人因"乌台诗案"饱受折磨，如今终于等来了属于他们的春天，兄弟二人也在被朝廷召回之列。

---

[1] 吕公著（1018—1089年），字晦叔。寿州（今安徽省凤台县）人。北宋中期官员、学者。熙宁三年（1070年），因反对新法而出知颍州，此后入朝历任翰林学士承旨、端明殿学士、同知枢密院事、资政殿大学士等职。元丰八年（1085年），宋哲宗即位，高太后临朝，吕公著获召入朝，首上十事疏，以"学"为重。旋即拜尚书右丞。次年进拜门下侍郎，又进尚书右仆射兼中书侍郎，与司马光同心辅政，变更熙宁新法。

元丰八年五月的时候，苏轼先是被起用任知登州。他十月十五日赶到登州，才上任不过区区五日，就又被朝廷召回，命他还朝出任礼部郎中。苏轼十二月入京供职，在礼部郎中任上只做了半个月，就又被升为起居舍人。三个月后，又被迅速升为中书舍人。没过多久，又升翰林学士、知制诰，知礼部贡举。苏轼升官的速度仿佛是坐火箭一般，一路向上，一改过去被打压的颓势。

苏辙也在元丰八年八月间被召回京师，不过最开始任命的还只是个校书郎的职位。此时四十七岁的苏辙已经在绩溪待了半年，其中五十多天都因风寒卧病，甚至消极地想"一病五十日，复尔当解官。不才归亦乐，无食去犹难"。而在神宗驾崩后，本来以为自己的春天到了，却没想到虽是入京为官，却只是个小小的校书郎，苏辙此时的内心还是很不情愿的，于是又在诗中感慨"奔走半生头欲白，今年始得校书郎"。不过皇命难违，如今这般境遇和年纪，苏辙已经不是当年那个意气风发、制科上榜、却敢嫌官小不赴任的少年郎了。经年身居下位，他更懂得官场的无奈和生活的压力。于是，面对校书郎这样的小官，他也还是感谢天恩，入京赴任去了。

苏辙领旨后，在当年八月间辞别了绩溪，携全部家眷北归汴京。临行前，苏辙路过绩溪当地的一些寺庙，感慨人生际遇变化，又题诗《辞灵惠庙归，过新兴院，书其屋壁》，诗中感叹道：

> 来时稻叶针锋细，去日黄花黍粒粗。
>
> 久病终惭多废政，丰年犹喜慰耕夫。
>
> 青山片片添红叶，渌水星星照白须。
>
> 东观校雠非老事，眼昏那复竞铅朱？

苏辙以"稻叶针锋""黄花黍粒"感叹时光易逝，自己已经年老多病，此次朝廷安排的校书郎并不适合自己，如此年纪，老眼昏花，"那复竞铅朱"。字里行间隐约透露出自己对朝廷任职的不满和抱怨。从中我们也可以看出，苏辙虽然已经四十七岁，却仍不愿虚度光阴，仍对为国建功立业抱有迫切期待。

好在朝廷并没有让苏辙失望，还未等他抵达京城，关于他的任职就又有了变化。苏辙离开绩溪后，因为哥哥苏轼的邀请，便绕道从钱塘①走，顺便和苏轼小聚。告别苏轼后又经过苏州、润州等地，最后于元祐元年（1086年）二月抵达京师。

原本这一路上苏辙的心情还很复杂，他走水路行舟时，写诗道："扁舟多艰虞，与我平日类。……穷冬治舟行，嗟此岂

---

① 钱塘，北宋时指今天的浙江省杭州市。

天意。"他觉得逆水行舟，就像自己的人生一样艰难，仕途多艰，应该也如此次寒冬行舟一样，都是天意。

然而，好事多磨，让苏辙没想到的是，他二月刚进京，还没来得及去述职任校书郎，朝廷就发出新的任命。高太后破格提拔苏辙为右司谏①，不日上任。右司谏这个官职虽然品级不高，却是天子身边少数的能对天子本人以及文武百官言行举止、政治行为等进行把关劝谏的亲信要职，属于天子亲重的职位，表示受到天子信任。而且，能担任这个职位的人物，从来都是刚正不阿、清正廉洁之人。所以，苏辙得知自己改迁右司谏的时候，实在觉得受宠若惊，出乎意料，没想到他心中的救世济民理想，这么快就有机会实现了。

高太后将右司谏这么重要的职位给苏辙，也是因为她曾在仁宗朝见识过苏辙在制科考试中极言力谏的情形，听过宋仁宗对苏辙的褒奖和评价，觉得有了苏辙这样的人才，何愁朝廷不清明。

相比二十多年前初生牛犊不畏虎，此时的苏辙开始觉得肩上责任重大，无论是出于对高太后提携之恩的报答，还是为大宋朝廷、天下百姓的期望，他都认为自己该有进无退，把握好这次好不容易等来的机会，竭尽全力做好这个右司谏。

---

① 右司谏，官名。北宋太宗端拱元年（988年），改右补阙置，掌规谏讽谕，七品。

锐意进谏：三天一奏章

官至右司谏是苏辙自从熙宁二年八月罢三司条例司检详文字之后，第一次与哥哥苏轼同时在朝任职。为记录此番兄弟二人同朝为官，苏辙在《后省初成直宿呈子瞻二首》其一中写道：

披垣初罢斧斤响，栋宇犹闻松桂香。

江海暂来俱野客，云霄并直愧华堂。

月明似与人烟远，风细微闻禁漏长。

谏草未成眠未稳，始知天上极清凉。

诗题中的"省"指的是"中书省"，因为当时苏轼担任的起居舍人和苏辙所任右司谏，都是中书省①所设官职。在这首诗中，苏辙主要写自己担任右司谏后，虽然禁中清寂，似乎远离尘世，但是从"愧华堂""禁漏长"等字眼，都能看出苏辙夜不能寐。而这夜不能寐的根源就是"谏草未成"，他在苦苦思索如何匡扶时政，为国尽忠。这首诗以景寄情，完全是在写实，所记录的几乎就是任职右司谏后，苏辙工作生活的真实情况。

苏辙从元祐元年二月起担任右司谏，直到当年九月改任他职，短短八个月在任期间，他一共上奏了七十四篇奏章，几乎占据他现今存留奏章总数的一半，而同期任职起居舍人的哥哥苏轼，这期间上奏为二十篇。二者相比，苏辙简直是"劳模"一样的存在，说他"三天一奏章"也不算过分。而且，苏辙上奏的这些内容，几乎涵盖当时北宋朝廷所有重要政治问题，很多建议都切实解决了推行新法所带来的问题。他的这些谏言多数被采纳，对推动元祐之政向好的方面发展，起了重要作用。

元祐元年这一阶段，苏辙在职右司谏期间提出了很多重要主张，通过这些纷杂的奏折，可以将他的政治主张分为三大类内容：

首先，苏辙主张严惩之前朝廷中支持推行新法的大臣，但对负责执行新法的小臣，则可以适当放宽处罚，给他们改过

① 中书省，中国古代中枢官署之名，封建政权执政中枢部门，中国古代中央行政机要机关。

自新的机会。他认为，新法的推行导致"民力困敝，海内愁怨"，无论是大臣还是小臣都有罪责，只是二者有一定区别。"大臣蔽塞聪明，逢君于恶""小臣贪冒荣利，奔竞无耻"。所以对大臣的处罚可以重一些，对小臣则可以轻罚。但是当前朝廷的做法是罢黜小臣，曾经支持新法的大臣仍在职，这未免不合适。所以，苏辙主张"大臣诚退，则小臣非建议造事之人，可一切不治，使得革面从君，竭力自效，以洗前恶"（《乞罢左右仆射蔡确韩缜状》）。

其次，除了进谏提议之外，苏辙在任右司谏期间，还曾八次上疏要求对右仆射韩缜（左仆射蔡确在苏辙上第一状后不久已罢相）进行责问降职，三次弹劾吕惠卿，最终使吕惠卿被贬为建宁军节度副使。还曾揭发知开封府蔡京和枢密院事章惇之间阳奉阴违，嘴上说着支持革除新法，实际以革除新法的名义干扰整顿政治。在苏辙不畏阻力的坚持弹劾下，这些曾支持新法的大臣，或居心叵测借革除新法欲行不轨之事的官员，大多都被或降或罢。

另外，苏辙还朝初期，对反变法派一些人士也进行了批评弹劾，其中就包括司马光和吕公著。苏辙在《乞选用执政状》中说：

……门下侍郎司马光、尚书左丞吕公著，虽有忧国之志，而才不逮心。……

他认为司马光和吕公著能力不佳，不能胜任国事。

苏辙与司马光之间存在的政治分歧尤其比较多。虽然二人都反对新法，但是在役法问题、科举考试问题、青苗法问题等方面，二人都存在不同见解。比如在役法问题方面，司马光主张废除免役法，恢复之前实行的差役法；而苏轼则认为免役法和差役法各有弊端；苏辙虽同意废除免役法，认为最好的策略就是"新旧二法采良处用之"，但他却认为不能操之过急，要给百姓适应的时间。客观来说，苏辙的建议更为理性，司马光忽视了新法推行十几年间社会的变化，过于一意孤行，因此二人在役法方面的政治分歧还比较大。

苏辙任右司谏期间，还建议朝廷要更多关注民生、关心百姓，不要与民争利。主张从利国利民的角度，有选择性地废除和调整之前推行的新法。于国于民有害的就废止，于国于民有利的就保留，不必一刀切地完全恢复以前的旧法，应该取其精华去其糟粕地使用旧法，亦不必完全否定新法。

在青苗法方面，苏辙和司马光也产生了分歧。司马光认为只要人民都自觉自愿，青苗法便是个利民的事，并没有害处。

苏辙则认为青苗法只是富国，并未富民，甚至可能伤民，于是结合自己多年底层为官的经验，分析必须废除青苗法的四大原因，并结合旧法提出青苗法废除后的解决方案，比如朝廷可以免除民间无力偿还的债务；针对受灾地区，朝廷可开义仓，向灾民出售减价常平米；取消四川不准买卖蜀茶的规定，转而用"自作交易，但收税钱"的方法激活当地经济。这些建议都是利国利民的好策略。苏辙的政治思路即使放在现在也有借鉴意义。

苏辙还主张与西夏发展和睦友好邻里关系，将神宗时侵占的西夏土地归还，同时加强西部边防建设。在西夏问题上，苏辙和司马光是意见一致的。他们都厌恶战争，讨厌民族之间的互相侵略、攻伐，主张和平友好地相处，但又有居安思危、有备无患的邦交政治敏锐性。所以，二人虽然在政治意见上存在一定分歧，但都是爱国负责、有济世之心之人。

在苏辙任职右司谏期间，司马光对苏辙的某些政见拒不接受，对一些经分析后证明更好的意见，也能虚怀若谷、从善如流。两人虽然在政治方面多有分歧，苏辙也一直很敬重司马光，认为他"清德雅望"。可惜，苏辙回朝仅半年，司马光就因忧劳过度于元祐元年九月去世。苏辙曾写《司马温公挽词四首》以悼念司马光，表示敬重。其中第四首更是诚挚地感谢了司马光对自己的知遇之恩：

> 少年真狷浅，射策本粗疏。
>
> 欲广忠言地，先收众弃余。
>
> 流离见更化，邂逅捧除书。
>
> 赵孟终知厥，他人恐骂予。

此诗前四句感谢司马光在当年制科考试时力排众议支持他，使自己能制科上榜；后四句感谢司马光将他从贬谪之地召回京中，让自己有机会在朝廷中任职。苏辙将司马光比作知人善任的赵孟[①]，感激他的知遇之恩，全诗充满了对司马光多年支持和提携的感激之情。

大致归纳分析苏辙在右司谏任职期间的政治主张，可以发现他的建议虽然偶有激进、尖锐之言，但是绝大部分都是从国家、从底层人民的生活出发，怀有一腔为国尽忠的赤诚，完全心系国家命运，并未藏有私心。

因其在右司谏职位上的突出表现，不久之后，苏辙就再次迎来了升官，可谓青云直上，一连三级跳。

---

① 赵孟即赵武，春秋时晋国人，相悼公，以知人闻名。

青云直上：任户部侍郎

因苏辙在右司谏任上的出色表现，元祐元年（1086年）九月，苏辙改任起居郎。起居郎主要负责掌记天子言行，大朝会时与中书省的起居舍人对立站在殿下。至此，苏辙终于与哥哥苏轼同朝而立，能一起在朝中为国出力。这样的场景，不禁让他想起当年与哥哥苏轼一同赴制科考试，当时立于朝上的还是宋仁宗，如今江山迭代，居于上位的已经变为宋哲宗，而殿下自己与哥哥终于再次并肩而立，实在让人感慨不已。

起居郎这个职务，苏辙也仅做了两个月，到当年十一月，苏辙又被升为中书舍人，负责掌外制，撰拟中书和门下的诏敕。而此时哥哥苏轼也升职为翰林学士、知制诰，负责掌内制，撰拟皇帝对外发出的文诰。

太皇太后在以哲宗名义下旨，任命苏辙为中书舍人时，对他在右司谏职位上的建树和卓识才智给予了很高评价，并希望苏辙在中书舍人位置上也能保持。但就这次升职，苏辙却有些诚惶诚恐，曾两次上疏辞免，其《辞召试中书舍人状》中写道：

> 曾未逾年，致身华近……昨自县道（绩溪令），召充谏官（右司谏），旋叨左史，仍兼词命（起居郎）。骈繁宠数，并在一年。臣犹知非，况复公议？……内外两制，素号要途。兄轼顷已擢在禁林，臣今安敢复据西掖？非独畏避讥评，实亦恐惧盈满。

苏辙如此推辞主要是因为，中书舍人不仅负责朝廷各种政令、法规、文告的策划与起草，还要负责对各级朝臣疆吏上奏内容进行审议、选送和签发。虽然官阶不高，但是责任重大，是朝廷中央决策机构不可缺少的重要环节，苏辙恐怕自己难以胜任，所以接到任命的旨意虽然惊喜，但是却不敢妄自接受。但苏辙两封《谢除中书舍人表》都没被接受，太皇太后高氏诚意劝慰苏辙就职，苏辙最后只好接受。

苏辙担任中书舍人一职直到元祐二年（1087年）十一月，刚好一年。在这一年之中，除了完成本职工作外，苏辙曾代宋哲宗草拟了《吕大防中书侍郎》《李清臣资政殿学士知河阳》等不少圣制。不过因为中书舍人这个职位没有谏言的责任，所以这一年苏辙上奏的奏章并不多。

元祐二年（1087年）十一月，苏辙奉旨改任户部侍郎[①]，跻身中书省六部[②]卿臣之列。北宋时期，户部属于中央行政机构的六部之一，主要掌管国家财政大权，而苏辙此次担任的户部侍郎，属于户部二把手，可谓责任重大。

苏辙接到任命后，写了一封《辞户部侍郎札子》说：

臣准尚书省札子，已降诰命，除臣依前朝奉郎、试户部侍郎，奉圣旨，管勾右曹者。待罪西掖，虽已期年，龌龊文墨之间，愧负宠禄之厚。岂期过听，特有甄升。窃以户部右曹，兼领昔日金仓司农之政，侍郎职事，专治天下差雇市易之余。奏请纷然，法度未定。方欲酌今昔之中制，采吏民之公言，宜得强明练达之人，立成久远通融之法。如臣暗陋，何以克当：愿回误恩，别选能吏，俾臣愚获安于微分，而国事不失为得人。公私两宜，众议为允。恳迫之至，冒昧以闻。取进止。

---

① 户部侍郎，掌管稽核版籍、赋役征收等会计、统计工作。
② 六部为吏部、户部、礼部、兵部、刑部、工部。

他先对出任户部侍郎表示了一番谦虚，随后结合自己近年经历，将户部侍郎所需承担的责任以及自己对国家财政管理的一些想法进行了阐述和分析。其朴实精练的语言，很符合苏辙一贯的行文风格和为官个性。

任职户部侍郎后，苏辙自知责任重大，丝毫不敢怠慢，在职期间，针对国家财政工作主要提出了以下几点建议：

第一，苏辙主张群臣都可当面向天子奏事，这样可以让天子广泛听取多方意见，更了解民情，避免政事上的欺瞒情况。

第二，苏辙主张整顿朝中纲纪，用立纲纪的方式让群臣守法，赏罚明确，为天下做出表率。同时要加大力度整顿各个职能部门，减少官吏冗余，尤其对于在财政工作上玩忽职守的地方官员要严惩，用这样的方法提高地方和中央财税工作运转的效率。

第三，将水监、军器监、将作监转到户部，而不再由工部管理，工部只负责监督工程质量和进度即可，这样可以重塑中央财经管理体系，不但能提高工程质量，还能杜绝贪污腐败和资源浪费问题。

第四，苏辙还主张精简机构，裁减一些作用不大的寺、监官员，如此也能削减不必要的开支，为朝廷节省财政支出。

客观来说，苏辙任职户部侍郎期间提出的以上诸多建议，都是针对熙宁、元丰以来大宋的财政危机所做的切中要害之建议。只是这些建议并未被完全采纳，即使部分采纳实施后，也没有获得理想的效果。这主要是因为当时宋朝各种危机深藏已久，已逐渐有积重难返之势，尤其是财政问题和吏治问题极其严峻，并非凭苏辙一人之力，提出几个切实建议，就可以解决问题了。

然而，虽然形势不由人，但在任户部侍郎期间，苏辙仍然建树颇多，主张"善为国者藏之于民。其次藏之州郡"。认为只有人民普遍富裕，才是国家强盛的标志，只有让底下州郡富足起来，经济运转起来，国家才能富强。

任职户部侍郎不足两年，元祐四年（1089年）六月初八时，苏辙又被改任为吏部侍郎，还没等他在吏部坐稳，同月十四日，又被朝廷迁为翰林学士、知制诰，仅仅十天后的当月二十四日，苏辙居然又权任吏部尚书，可谓青云直上，官运亨通。

出使辽国：奉为座上宾

　　辽国也称为大辽国或者大契丹国，是以契丹族为主体建立的王朝，主要统治当时中国的北方地区，存在于中国五代十国和宋朝时期。

　　北宋和辽国之间对峙的时间长达一百六十五年，其中大约四十年是处于交战状态，直到景德二年（1005年）一月，辽宋之间定下和约，两国互为兄弟之国，双方以白河沟为界，互不侵犯，大宋每年送给大辽岁币银十万两，绢二十万匹，双方才不再有大规模战事，而是处于通使殷勤、礼尚往来的友好状态，这次的盟约，史称"澶渊之盟"。从澶渊之盟签订后，大宋和大辽之间保持了一百二十年的和平相处，双方经常有友好互访活动。

　　元祐四年临近辽国皇帝耶律洪基的生辰时，出于维护两国之间来之不易的和平的目的，太皇太后高氏于八月十六日任命苏辙为贺辽生辰使，代表大宋朝廷出使契丹，并派副使赵君锡、亲从官李寔同行。这是苏辙第一次出使他国，太皇太后特加恩惠，准许苏辙带着长子苏迟随行照顾。一下子接到这么大的出使任务，苏辙自然要写信告诉苏轼。

在元祐年间，朝廷党派斗争十分复杂，除了之前变法派和反变法派的斗争持续不断，在回朝后已经掌权的反变法派中，又因政治意见不同分为洛党、蜀党、朔党等不同党派，其中蜀党以苏轼为首。感受到朝廷党派斗争激烈的苏轼，因担心再次陷入党争旋涡，所以在元祐四年的时候坚决请求外任，于是当年四月，苏轼被任知杭州。

这边哥哥苏轼外放杭州，那边没多久弟弟苏辙就一路高升为翰林学士、吏部尚书，兄弟两人都深感朝堂波谲云诡，唯恐自己升任过快，树大招风。没想到，升为吏部尚书才两个月，苏辙就被任命为贺辽生辰使，被派出使辽国。苏轼远在杭州，听闻弟弟即将出使辽国的消息，不禁为他捏了一把冷汗，写诗"单于若问君家世，莫道中朝第一人"，叮嘱弟弟苏辙万事低调，藏锋不露。苏辙那边宽慰哥哥，亦回复诗句"莫把文章动蛮貊，恐妨谈笑卧江湖"，打趣哥哥苏轼别用自己的文章惊动胡人，否则可能会妨碍自己过遨游江湖的逍遥生活。

按理说，苏辙代表大宋朝廷去向辽国国主祝贺生辰，应该是一件很光荣的事情，为什么苏轼会对弟弟苏辙此番出行表示担心呢？

其实，主要是因为自宋神宗推行新法以来，宋辽两国多有摩擦，虽不至于剑拔弩张，但双方关系也并没有过去和平稳定。而且在很多人眼中，地处塞北的辽国仿佛虎狼之地，信义观念淡薄，在汉代的时候，亦有扣押使臣的先例，在固有印象影响下，苏轼还是很担心苏辙。

大宋使团一路北上，经莫州、滑州、相州、雄州等地，北出燕山，进入辽国。一路上，苏辙告诉儿子苏迟读万卷书，不如行万里路，此番是开眼界的好机会，而他自己也忙得不亦乐乎，一路上观赏塞外风光，做了不少诗文，又顺路在莫州（今河北任丘）拜访了老友刘泾。这位刘泾曾任宿州州学教授，熙宁十年的时候，苏轼曾由南京赴徐州任知州，当时苏辙陪苏轼在徐州停留了三个多月，因徐州和宿州邻近，苏家兄弟二人当时与在宿州任职的刘泾经常一起饮酒赋诗，结下很深的友谊。

除了探访友人，这次出使辽国还让苏辙触景生情，想到了很多年前自己和父兄初次走出蜀地时的感受，于是写下《奉使契丹绝句二首》：

乱山环合疑无路，小径萦回长傍溪。

仿佛梦中寻蜀道，兴州东谷凤州西。

　　日色映山才到地，雪花铺草不曾消。

　　晴寒不及阴寒重，搅篋犹存未著貂。

　　整首诗开头两句写眼前实景，而从"乱山环合"好似没有路的当下，想到的是很久以前崎岖蜀道之上的风景，过去与现在在一瞬间重合。走的是完全不同的路，心中却抱有相似的对未知的新奇和忐忑。苏辙自小长于蜀地山水间，后来被贬谪也没有去过偏北的地方，此时出使塞外，他一路见北方风景，不禁有感而发，沿途写下二十八首诗。每首诗所描写几乎都是北方异域风情和民风。此外，这些诗中还记录了辽国王室日常生活和射猎活动，以及两国友好邦交下的和平生活。比如："祥符圣人会天意，至今燕赵常耕农。尔曹饮食自谓得，岂识图霸先和戎！"这样的诗句，是苏辙对两国友好和平相处产生益处的感叹。

　　令苏辙没有想到的是，因为"三苏"文章声名远播，在辽国居然也有很多人喜欢苏轼以及自己的诗作。尤其是苏轼的诗文，当时和贾岛、黄庭坚等人的作品几乎已经成为辽国人学习汉文诗词的典范模板，这实在是出乎苏辙的意料。在迎接大宋使者的宴会上，辽国人仰慕苏辙才名，纷纷端着酒杯向他敬酒。待到苏辙欲返宋时，辽国接待使还依依不舍，送了他一程又一程。可见此番出使辽国，苏辙仰仗三苏文章传胡地的优势，一路上几乎都享受着上宾待遇。苏辙在出使期间写过一首《神水馆寄子瞻兄四绝》，其三曰："谁将家集过幽都，逢见胡人问大苏。"记载的就是辽国在文化落后的情况下，仍然努力学习中原文化，特别喜爱苏轼诗文的情况。

苏辙这次出使一共在辽国逗留了十天，从十二月十日开始南归，次年正月才回到汴京。完成出使任务后，苏辙又向朝廷上疏，记录此次所见所闻，并针对宋辽如今关系问题上奏《北使还论北边事札子》五篇，其中提到：

……本朝印本文字多已流传在彼，其间臣僚章疏及士子策论，言朝廷得失、军国利害，盖不为少……

亲从官多系市井小人，既差入国，自谓得以伺察上下；入界之后，恣情妄作，都辖以下，望风畏避，不敢谁何。虽于使副，亦多寒傲。夷狄窥见，于体不便……

……选差使副，责任不轻，谓不须旁令小人更加伺察。……

因这五篇内容较长，此处不再赘述，但总结其中重点，此次苏辙主要给朝廷提了几点建议：一是要严格检查流出国境的书籍，避免重要机密外泄；二是要严查边界地带百姓私铸铜钱情况，避免货币外流；三是认为如今宋辽关系虽尚和平，但从长远大局来看，应该加强边防，保持警惕；四是以后出使团队需严格筛选，避免内亲随行，免得伤害国格；五是对以后出使使团的车马随从人员都要仔细挑选，避免因车马故障问题延误使团行期。

从苏辙提出的这几点建议可以看出，苏辙的性格始终都是较为谨慎和低调的，不张扬，少冒进，行事严谨认真。正是这些特点，让苏辙在仕途上走得比父兄都要远。此次出使辽国回朝后，苏辙几乎走到了他仕途生涯的巅峰。

竭诚辅政：恐树大招风

　　此次苏辙出使辽国十分成功，他以"苏门三学士"的诗文魅力，向辽国展示了大宋的文化实力，赢得辽国人的尊重和热爱。苏辙这次出使，推动了宋辽邦交关系在短时间内向一个更和睦友好的方向迈进。太皇太后也很满意此次苏辙出使的效果，待苏辙回朝之后，元祐五年（1090年）五月，即任命他为龙图阁直学士、御史中丞①，同年十二月，又任其为龙图阁学士。

　　苏辙在御史台任职长达九个月，在这九个月之中，他恪尽职守，先后向上进呈各种奏议章疏将近五十篇，其数量之多，仅次于元祐元年，在他整个政治生涯中，也算得上第二个政论

———————————

① 御史中丞是御史台的长官，是执法重臣，负责纠察百官、肃正纲纪。

创作高峰期了。而这近五十份奏章中，主要涉及的内容还是举荐御史台官，针对朝廷用人方针进行辩论，比如《乞举御史札子》《再论举台官札子》《论用台谏札子》《论执政生事札子》。还有个别对内政和边防事务的讨论，比如《论衙前及诸役人不便札子》《乞裁损待高丽事件札子》等。其实，从苏辙奏章偏重对用人问题的争论，就已经能看出北宋元祐中期党派势力此消彼长，争斗愈发严重的端倪。

从哲宗登基以来，在太皇太后高氏的治理下，朝廷逐步废止新法，驱除不良之臣，大胆起用新人，国家政务很快焕然一新，开始有向上的势头。但元丰年间得势的新党那些人，因为被驱逐在政治核心之外，遂心生不满，经常散播谣言来混淆视听，对朝廷发展产生了一些负面影响，且这帮人的势力也不可小觑。在这种情况下，太皇太后和宋哲宗为了稳定大局，准备息事宁人，以提拔任用几个新党领头人的方式来平息新旧党派之间的宿怨，并将这一办法称为"调停"法。但时任御史中丞的苏辙强烈反对宋哲宗"调停"的办法，并在元祐五年（1090年）六月上疏哲宗，论述"君子小人不可并处"的观点，洋洋洒洒一番讨论，历数"调停"法的弊端。这封奏疏上呈之后，太皇太后高氏和宋哲宗都觉得苏辙言之有理，便当众宣读此奏章，停止了"调停"一说，朝中众多大臣也支持苏辙的观点。苏辙一通直言极谏，也算是暂时遏止了朝廷重新起用新党官员的主张。

　　苏辙这种直言极谏、刚正不阿的精神让太皇太后高氏十分赏识。于是在元祐六年二月，苏辙又由御史中丞擢尚书右丞①，此时苏辙已经五十三岁了。与苏辙之前所任吏部尚书相比，官职又高了一档。因为大宋元丰年间对官制进行了改革，将参知政事废除，之后用门下侍郎、中书侍郎、尚书左丞、尚书右丞代替参知政事的职责，所以，苏辙这个尚书右丞的含金量非常高，相当于副宰相的位置。早在之前苏辙和苏轼参加制科考试的时候，宋仁宗见二人策论才能，就曾说自己为子孙得了两个宰相之才的人。虽然苏轼一生并未取得宰相之职，但苏辙却被宋仁宗说中，果然到了宰执之位。

　　苏辙升任尚书右丞没几天，外放任知杭州的苏轼也升官了。元祐六年（1091年）三月，苏轼受召入京，升任吏部尚书，也就是苏辙升职前担任的官职，其官位在苏辙之下。因为苏辙任执政之职，翰林学士亦改任苏轼。在如此安排下，苏轼和苏辙又同时在朝为官，且都身居高位，这不免让两兄弟开始担心彼此的境遇，生出盛极必衰、树大招风的忧虑，两人都开始上疏辞免。

---

①　尚书右丞主要掌参议大政，其品阶在六部尚书之上，为六部执政之一。

收到朝廷任命之后，还没离开杭州的苏轼就开始上奏朝廷说：

> ……兄居禁林，弟为执政，在公朝既合回避，于私门实惧满盈。……伏望除臣一郡，以息多言。……

哥哥身居翰林之位，掌制诰，弟弟则参议大政，朝廷内外的权力都在苏家二子身上，实在过重，苏轼希望能免除对自己的任命，以平众人议论。

为了让朝廷打消任命自己做吏部尚书和翰林学士的念头，苏轼多次上疏辞免，借口五花八门，不但有怕弟弟苏辙因为此事被其他党人攻击，而且想到了其以前担任翰林学士时诚惶诚恐、胆战心惊的状况。总而言之，苏轼竭尽全力想辞免这个翰林学士。

其实，苏轼想辞免翰林学士的主要原因，还是翰林掌制诰，非皇帝心腹之人不可担任，号称"内相"，众人对这个位置都趋之若鹜。过去苏轼担任翰林学士时就身陷党争旋涡之中，担心此次再任翰林学士，也干不长久，会惹祸上身。这边苏轼为了弟弟和自己的平安着想，极力辞免翰林学士，那边苏辙也和哥哥苏轼想到一起去了，同时也在极力辞免尚书右丞。为了辞免尚书右丞这个职位，苏辙曾上札子四次，上表两次，总之就是苦口婆心，各种借口不想干。其实，苏辙不愿出任尚书右丞的原因，除了他在上札子和上表中提过的不愿意越职超过能力之外迁任，其更关键的原因是他担心自己曾经任右司谏和御史中丞时所上奏疏、札子太多，得罪了不少人，此番如果出任尚书右丞，恐怕在这个位置上也坐不安稳，恐招祸患。苏辙辞免上疏中说：

　　……前后历居于台谏，弹击多召于怨尤。……

又说：

　　……如臣迂阔而寡谋，孤直而多怨，进用兹始，已或纷然；眷遇倘隆，安能自保？伏望……亟收前命，以保危踪。……

可以看出此番升任，苏辙忧虑多于喜悦，真是心生退意。

即使兄弟二人如此推辞，却也没让事情有转机，兄弟二人仍然有两个多月的时间同朝为官，各自担任吏部尚书、翰林学士和尚书右丞。不过，苏辙担心的问题也并非多余，因为近两年"元祐党争"问题已经愈演愈烈，朝堂之上逐渐又开始有当年"乌台诗案"污蔑毁谤的势头。如今兄弟二人虽都仕途鼎盛，但他们心中都对朝堂之事有所预料，随着党争扩大，哲宗成年，太皇太后高氏年迈，大宋朝廷下一场变革的时间不远了。

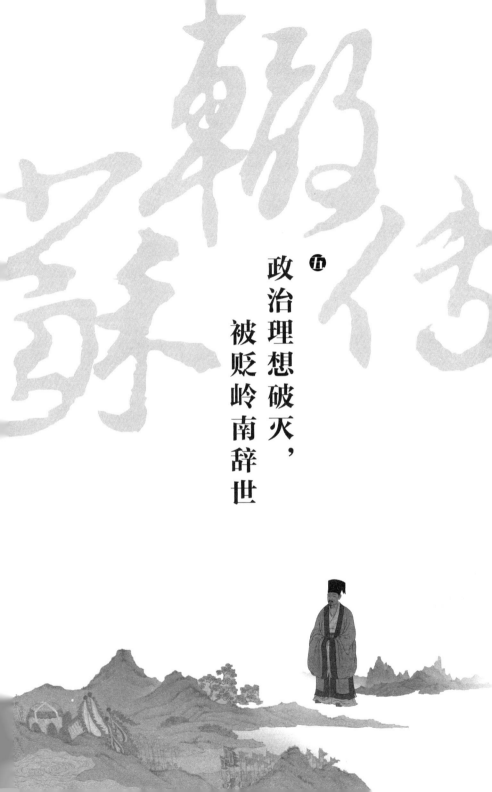

五

政治理想破灭，
被贬岭南辞世

失势被刻：新党复得势

　　古语有云："君子不党。"是说君子立足人世，不要拉帮结派。但实际上，官场中拉帮结派是常态，虽然结党者未必都营私，但是有党派之分，就有政治立场分歧，就有纷乱。欧阳修在《朋党论》中说结党也分君子党和小人党，他劝告宋仁宗，结党这件事并不可怕，只要分得清君子和小人，就能治理好天下大事。

　　在宋神宗至宋哲宗年间一直党争不断，先弄清这些党派到底都是谁和谁的对立，这样也好更清楚苏辙和苏轼两兄弟在屡次党争中处于何种境况。

　　自宋神宗年间王安石变法开始，形成了以王安石为代表的改革派和以司马光为代表的保守派，历史上亦将他们分别称为新党和旧党。新党的思路是要大刀阔斧地改革，让国库收入立竿见影，旧党则没这么急功近利，他们反对和百姓争利益，认为改革不该一蹴而就，变法不能只盯着经济，而要看它对政治、社会、文化等多方面的影响。后来改革失败，王安石罢相，宋神宗驾崩，高太皇太后听政，新党失势，旧党在高太皇太后的支持下重新得势，一众领导人物重回朝堂，人多了自然也就有了分歧，团队内部权力再分配出现问题，旧党内的派系斗争自然开始，于是就有了元祐年间发生的一系列"元祐党争"之事。

"元祐党争"主要是旧党内部争斗，分为蜀党、洛党、朔党三个党派，蜀党是以苏轼、苏辙两兄弟为首的四川籍官员，其中吕陶及苏门六学士①等人是骨干；洛党是以程颐、程颢兄弟为首的洛阳籍官员，其中朱光庭、贾易是骨干；朔党则是以刘挚为首的河北籍官员，其中刘安世、梁焘、王岩叟是骨干。总结起来，北宋时期的朋党之争，刚开始的时候不过是不同政见的士大夫之间的辩论争斗，不同政治组织后来衍生为各种政党，而无论是新旧党派之争，还是蜀党、洛党、朔党三个党派之间的争斗，后来都恶化成官员之间你死我活的争斗。这不但导致北宋时期士大夫群体分裂，缺少凝聚力，也破坏了朝廷中的政治共识。正是这些朋党之争，让北宋朝廷实力不断瓦解，

---

① 苏门六学士指秦观、黄庭坚、晁补之、张耒、陈师道、李廌六人。

不断走下坡路，最后达到积重难返的地步。

　　大致了解当时朋党之争的派系之分后，再来看苏辙和苏轼两人在元祐六年升职后的情况。

　　苏轼在当年五月返回京城后，很快就受到朔党和洛党的攻击，而攻击手段还是一如既往的"文字狱"，在他写的诗中挑刺，说苏轼诗中"闻讳而喜"是为宋神宗的驾崩而高兴。后来这件事最终以罢免洛党骨干侍御史贾易，让其出知庐州为结束。而经此一事，苏轼也被罢免了翰林学士，出知颍州。这距离他上任翰林学士也不过两个多月。

　　苏辙之前多次上疏辞免尚书右丞之职，乞求外任，希望保哥哥和自己平安，都未获准许，而如今也不过两个多月就应验了他的担心。上次"乌台诗案"中他为哥哥奔走，就没能帮上什么忙，这次他居然又没能帮上。既然行动上无事可做，苏辙就只好又和哥哥在书信中唱和诗文，从精神上安慰苏轼。苏轼在给苏辙的信中写道："怜子遇明主，忧患已再尝。报国何时毕？我心久已降！"苏轼此时已经对仕途充满厌倦，有思念故乡、归隐田园的想法。

　　苏辙又写了一首《次韵子瞻感旧》应和苏轼：

还朝正三伏，一再趋未央。

久从江海游，苦此剑佩长。

梦中惊和璞①，起坐怜老房②。

为我忝丞辖，置身愿并凉。

此心一自许，何暇忧陟冈！

……

此诗前半段记叙苏轼入京还朝又出京外放，之后又提及过去苏轼写的诗《破琴诗叙》中提过的唐相房琯之事，表示自己明白哥哥的心愿，自己与他也有一样的愿望。其实，见苏轼降职外放，苏辙此时也生退隐之心，奈何高太皇太后不允。在元祐党争逐渐升级的时候，苏辙此次没被哥哥连累，反而又升职了。

元祐七年（1092年），苏辙升任太中大夫、守门下侍郎，官位比尚书右丞还高。不过，再高的官职意义可能也没那么大了，因为随着宋哲宗日渐长大，他不会满足于一直做个"傀儡皇帝"，由高太皇太后听政。在元祐八年（1093年）九月时，高太皇太后去世，年已十七岁的宋哲宗开始亲政。夺回了本该属于他的权力后，宋哲宗要开始按他自己的意志行事。朝堂政局又要发生翻天覆地的变化。

高太皇太后一共垂帘听政八年。在这八年间，北宋实际掌权人一直是高氏，哲宗不过是听命下诏，并没有什么自主权。

---

① 和璞，指唐代道士邢和璞。
② 老房，指唐相房琯（字次律）。

等待权力的滋味是煎熬的，尤其对于一个耐心不多的少年而言。从九岁多即位，到十七岁亲政，哲宗在等待的八年时间里产生了一些逆反心理，凡是太皇太后高氏要支持的，他都要反对，而凡是高氏反对的，他则要大力支持。在高氏去世后，北宋朝廷政治纲领的大方向又开始发生翻天覆地的变化。过去高氏反对变法，重用旧党，打压和外放新党，如今宋哲宗亲政，就要反其道而行之，又动了变法的心思，将过去贬谪、外放的新党官员又召回来，开始重用。

在重新起用的一众新党人士中，哲宗最为重用的当数章惇。章惇这个人首次中进士是在嘉祐二年（1057年），但因为气愤于这次科举没考过自己同榜的侄子，所以过了几年又重新应考，中了进士甲科才肯出仕。章惇出仕后，受欧阳修提拔，也经历过几次官职升降，后来在王安石变法时被王安石看重，成了新党变法急先锋，这才出头。

后来宋哲宗即位，高太皇太后听政，章惇也在被贬之列。而此次宋哲宗亲政，章惇作为新党变法领军人物，自然受到重用。于是，宋哲宗起用章惇为相，一时之间章惇权倾朝野，开始对保守派旧党实施报复，给保守派扣了个"诋毁先帝，变易法度"的罪名，不但对在朝旧党重拳出击，连已经去世的司马光都没放过，剥夺了朝廷对司马光死后的追封。在章惇如此严厉手段和宋哲宗反对保守派旧党的态度之下，苏辙自然未能幸免，也在被迫害之列。

苏辙在宋哲宗亲政后，曾多次上奏章，对哲宗的行为或决断进行建议。他先是批评哲宗刚亲政，不应该先重用身边内臣，朝中内外还有很多有才能的人没有得到重用，同时他还对比太皇太后高氏在时所列出的一系列大政方针，希望能用这些建议左右哲宗的政治态度，这引起了哲宗的强烈反感。

从绍圣元年（1094年）开始，宋哲宗又召回了不少改革派骨干人员，这导致朝廷中新旧党派的斗争局面再度开始，且有升级趋势。到了三月份，宋哲宗主持进士科殿试，撰写策题的人为改革派新党，在策题中大力贬损元祐之政，实则是为了恢复当年熙宁和元丰年间的新政造势。针对此事，苏辙又向哲宗进呈了《论御试策题札子二首》，其一写道：

> 臣伏见御试策题历诋近岁行事，有欲复熙宁、元丰故事之意。臣备位执政，不敢不言。然臣窃料陛下本无此心，其必有人妄意陛下牵于父子之恩，不复深究是非，远虑安危，故劝陛下复行此事。此所谓小人之爱君，取快于一时，非忠臣之爱君，以安社稷为悦者也。臣窃观神宗皇帝，以天纵之才，行大有为之志，其所设施，度越前古，盖有百世而不可变者矣。臣请为陛下指陈其略：先帝在位近二十年，而终

身不受尊号。裁损宗室，恩止袒免，减朝廷无穷之费。出卖坊场，雇募衙前，免民间破家之患。罢黜诸科诵数之学，训练诸将慵惰之兵。置寄禄之官，复六曹之旧，严重禄之法，禁交谒之私。行浅攻之策，以折西戎之狂，收六色之钱，以宽杂役之困。其微至于设抵当、卖熟药。凡如此类，皆先帝之圣谟睿算，有利无害，而元祐以来，上下奉行，未尝失坠者也。至如其他事有失当，何世无之。父作之于前，而子救之于后，前后相济，此则圣人之孝也。昔汉武帝外事四夷，内兴宫室，财赋匮竭，于是修盐铁、榷酤、平准、均输之政，民不堪命，几至大乱。昭帝委任霍光、罢去烦苛，汉室乃定。光武、显宗以察为明，以谶决事，上下恐惧，人怀不安。章帝即位，深鉴其失，代之以宽，恺悌之政，后世称焉。及我本朝，真宗皇帝，右文偃革，号称太平，而群臣因其极盛，为天书之说。章献明肃太后临御，揽大臣之议，藏书梓宫，以泯其迹。及仁宗听政，亦绝口不言，天下至今韪之。英宗皇帝，自藩邸入继，大臣过计，创濮庙之议，朝廷为之汹汹者数年。及先帝嗣位，或请复举其事，寝而不答，遂以安靖。夫以汉昭、章之贤，与吾仁宗、神宗之圣，岂其薄于孝敬，而轻事变易也哉？

盖事有不可不以庙社为重故也。是以子孙既获孝敬之
实，而父祖不失圣明之称，此真明君之所务，不可与
流俗议也。臣不胜区区，愿陛下反复臣言，慎勿轻事
改易，若轻变九年已行之事，擢任累岁不用之人，人
怀私怨而以先帝为词，则大事去矣。臣不胜忧国之
心，冒犯天威，甘俟谴责。取进止。

苏辙在此次上疏中先是肯定了熙宁、元丰新法的成功之
处，说元祐之政是对新法中成功内容的继承和发扬，接着用西
汉昭帝和东汉章帝改革汉武帝和汉光武帝失当之策而非轻事变
易的例子，肯定元祐政治方针的正确，劝诫哲宗不可轻易废除
当前元祐之政的成果，不可全面恢复熙宁、元丰新法，并要慎
重使用人才。

苏辙这次上疏完全惹怒了宋哲宗，尤其是他将哲宗与汉昭
帝等人类比，更是让改革派新党抓住不放，狠狠攻击苏辙的言
论。在这样的形势下，意料之中的，宋哲宗一道诏书将苏辙贬
了，苏辙下殿，先是迁入观音院待罪，之后被贬出知汝州（今
河南临汝）。仕途得意没几年，苏辙因直言极谏，又开始了他
颠沛流离的贬谪生涯。

岁更三黜：三州分家人

绍圣元年三月下旬，被贬的苏辙带着全家向南迁赴汝州，此时苏辙已经五十六岁。回顾过往人生，除了元祐年间得势之外，从十九岁进士及第后，苏辙的仕途一直都不太顺利，几乎都是微末小官，被放在外，所以如今被贬汝州，虽然有失望，但没有过于难过。宦海浮沉三十余年，他对这样的境遇早有心理准备。

出京向南，苏辙一家人在四月二十一日抵达汝州，到了之后当然也要走个过场写《汝州谢上表》送回京师。此次来到汝州，和当年去筠州相似，也是赶上灾年。这一年汝州大旱，百姓生活艰难，苏辙一上任就祭神为百姓祈雨，果然大雨普降，百姓称颂。

在下放汝州的这段时间，苏辙的心情是相对平静的，主要将精力放在州中政事和游访当地古刹名山、写诗著文上。

苏辙于汝州登楼北望，赏位于汝州之南的嵩山，感叹嵩山
气势雄伟壮观，写《望嵩楼》，诗曰：

> 连山郭吾北，二室分西东。
>
> 东山几何高，不为太室容。
>
> 西山为我低，少室见诸峰。
>
> 临轩一长叹，隐见由所逢。
>
> 试问山中人，二室竟谁雄。
>
> 雄雌久已定，分别徐亦空。
>
> 可怜汝阳酒，味与上国同。
>
> 游心四山外，寄适杯酒中。

诗中描写太室山和少室山两山互比高低、竞争激烈，谁也
不想让对方超过自己，感叹那些能够做出评断的人，只缘身在
此山中，难识两山真面目，竟然难以比较出哪座山更雄伟。明
面上是在写山，其实苏辙隐喻的还是朝廷中一直未曾间断的党
派斗争，同时也在暗示汝州亦如此，只要是官场，就难免会有
争斗倾轧之事。从诗中可以看出，苏辙在委婉倾诉自己从积极
进取变得消极遁世的心情，而这种心态也不纯粹，实际是一种
轻松与失落掺杂的复杂心境。

除了专心政事，观览赏景，苏辙在汝州期间还捐款修复了龙兴寺吴道子壁画，并为此事作散文《汝州龙兴寺修吴画殿记》。三苏父子都十分爱画，不但收藏名画甚多，而且自己书画造诣也很深。这次苏辙在汝州修复吴道子壁画时，正好哥哥苏轼因"讥斥先朝"的罪名从定州贬知英州，顺路来探望苏辙，知苏辙捐款修画的行动，亦称赞："他年吊古知有人，姓名聊记东坡弟。"

曾经苏轼被贬黄州，苏辙被贬筠州时，苏辙就经常去探望困居黄州、经济拮据的苏轼，常常将身上为数不多的银两给苏轼解生活难题。如今又是两人都被贬，而苏轼一直不擅长理财，多年来没什么积蓄，远谪岭南，更是经济困顿。这次路过汝州见苏辙，苏辙便又分俸七千，帮助苏轼一家。对待苏轼这个哥哥，苏辙一直以来都是倾囊相助，可见二人手足情深。然而，苏轼才离开汝州没多久，在同一年里，绍圣元年六月，苏辙就再贬袁州（今江西宜春），此时距离苏辙到汝州不过两个多月，被贬的罪名则是"轻移陛下腹心之臣"和任用私人等六大罪状。说到底，不过是从人事任命和政事参议两方面再构陷苏辙。只不过，这次再贬下诏中有"父子兄弟挟机权变诈之学，惊愚惑众"这样的用词，苏辙不免悲从中来，哭泣自己和兄长苏轼获罪就算了，父亲苏洵又有什么罪，何苦死后还要受到朝廷的谴责。连番被贬也给苏辙带来了巨大的经济压力，之前他曾在颍川西边购买薄田，此时再贬袁州，因担心南迁之后的生计问题，所以此次就将长子苏迟和次子苏适都留在了颍川，自己仅带三子苏逊和妻女南去袁州。虽然苏辙在汝州任上仅两个多月，但是他勤政爱民，深得百姓拥戴，离开时很多汝州父老亦对其不舍，十里相送不绝。

还没抵达袁州，苏辙一行人才经淮南到江州（今江西九江），就在路上收到了朝廷下发的第三道贬官诏书，将苏辙贬为试少府监，分司南京，于筠州居住。于是苏辙奉诏，又带家眷赴筠州，终于在当年的九月到达筠州，安顿下来。这已经是苏辙第二次贬谪筠州，但同上一次相比，虽生活处境一样艰难，但心境上却大有不同，他反而开始接受和享受筠州的生活。在一些小诗中，也能看出苏辙此番再来筠州，和之前不同的心境。如《雨中游小云居》曰：

卖酒高安市，早岁逢五秋。

常怀简书畏，未暇云居游。

十载还上都，再谪仍此州。

废斥免羁束，登临散幽忧。

乡党二三子，结束同一舟。

……

肩舆践积砾，涂潦分潜沟。

居处方自适，未知厌拘囚。

寥寥数语，先是回忆十年前第一次被贬筠州的点点滴滴，遥想贬居筠州五年做盐酒税时候的不易，感叹当时居然连小云居都没时间来看看，如今再度谪居筠州，有时间到此一游，见到其中风景，身心舒畅，不觉都忘记了贬谪所带来的厌倦情绪。

绍圣元年苏辙"岁更三黜"，一年之中先后被贬汝州、袁州、筠州，其实并非真有什么错处，主要还是新党复得势后对苏辙进行的打压和报复。只可惜，因为接连被贬，迫于生活压力，苏辙只能和两个儿子一家分开，留他们在颍川。而苏辙被贬筠州的时候，苏轼也已经又被贬到惠州。筠州和惠州之间相距甚远，两兄弟不得相见。自此三州分家人，苏辙因此心中自然也有一些愁苦。而兄弟两人之间相隔万里，能传递亲情的就只剩书信。

在苏辙谪居筠州、苏轼谪居惠州的三年中，二人互传书信时，又唱和了不少诗文，比如，苏轼曾在《连雨江涨》中向苏辙描述惠州大水：

……

床床避漏幽人屋，浦浦移家蜑子船。

龙卷鱼虾并雨落，人随鸡犬上墙眠。

……

苏辙就回信给哥哥《次韵子瞻连雨江涨》，告诉苏轼：

南过庾岭更千山，烝润由来共一天。

云塞虚空雨翻瓮，江侵城市屋浮船。

……

两人书信唱和诗文的内容主要是互相告诉彼此近况、互相安慰告诫等等，手足之情从未因相隔万里而淡薄。

然而苏辙仕途上的霉运还是没彻底消散。绍圣四年（1097年），五十九岁的苏辙又遭横祸，流放雷州①。

---

① 雷州，今广东省雷州半岛。

流放雷州：移调迁循州

苏辙在花甲之年被流放雷州，主要还是因为宋哲宗和改革派新党对之前元祐旧党人的清算和责罚尤为严厉。

绍圣四年初春开始，哲宗和此时正当权的改革派新党变本加厉地追责旧党。先是以司马光因为身死，不能惩罚其人为理由，追贬司马光和吕公著这些已故旧党。接着又借口死者都已经受重罚，生者更不能轻判，不能在追刑方面有失轻重，生死应该同罚。所以又给苏辙安了个"为臣不忠"的罪名，说从苏辙的兄长苏轼开始，就肆意忤逆圣上旨意，兄弟在朝操纵权柄。一番诬陷后，苏轼再被贬为琼州（今海南海口）别驾①、昌化军安置。苏辙则在当年三月接到诏命，被

---

① 别驾，也称别驾从事，属于州刺史的佐官，官职较低。

贬为化州别驾，安置雷州处分。苏轼和苏辙两兄弟虽然几乎同时被贬，苏辙还是要走之前哥哥被贬的路，但因当时信息传递不发达，两兄弟互相并不知情。苏轼走到梧州（今广西壮族自治区梧州市）的时候才知道苏辙的情况，并听闻他此时正在百里外的藤州（今广西壮族自治区藤县），于是很快追到了藤州，一别三年，兄弟二人终于在藤州再次相见。见面之后，兄弟二人互相打听身体健康和彼此近况，后又结伴一起向南赴任。雷州和琼州两地相隔并不是很远，但是中间有海相隔，兄弟日后再想见面恐怕不易。苏辙和哥哥苏轼一路向雷州走，一路聊起这些年各自的家庭情况，以及对朝中朋党之争等政事的看法，谈天说地、闲话当年间，就已到了雷州。

绍圣四年六月，苏辙兄弟二人携家眷抵达雷州，当时的雷州知州是张逢，此人热情正直，且素来仰慕苏轼和苏辙的才名，这次听闻二人被贬，心中对这两兄弟十分同情，于是特意率下属官吏前来迎接二人，并设接风宴，好好款待了苏家两兄弟。

苏辙和苏轼在雷州相聚数日，秉烛夜谈，兄弟二人似是有说不完的话。无奈赴任之期将至，苏轼还需过海去往琼州，不能再在雷州陪伴苏辙了。于是，在雷州数日后，苏辙与苏轼相别于海滨，送苏轼过海赴琼州。后来直到建中靖国元年（1101

年）苏轼于常州（今属江苏）卒，两兄弟都再没有机会见面。只是苏辙此时还不知道，自己与哥哥雷州一别，竟是永别。

宋朝时期的雷州，虽然也有人居住，但是其自然人文环境都与中原和江南没法相比，在那个时候，雷州属于流放之地，居住环境的艰辛可想而知。苏辙刚到雷州没几天就开始水土不服，仅十来天的时间，就病瘦得不成样子。

苏辙被流放雷州前后有一年的时间，对这一年的雷州生活，他是这样记录的：

> ……命微如发，衅积成山。比者陆水奔驰，雾雨蒸湿，血属星散，皮骨仅存，身锢陋邦，地穷南服。夷言莫辨，海气常昏。出有践蛇茹蛊之忧，处有阳淫阴伏之病。艰虞所迫，性命岂常。……

在雷州这样的蛮荒之地艰苦地生活，每日的天气不是下雾就是下雨，不但气候潮湿，而且饮食也和过去差异很大，让苏辙很不习惯。原本苏辙就有脾胃的毛病，到了雷州，当地饮食多腥膻的食物，他自然饿得皮包骨。最要命的是，雷州瘴气很重，这导致自己和家人都经常生病，且与当地语言还不通，缺少药物医疗，受艰辛苦难所迫，实在让人觉得性命堪忧。

不过，好在雷州当地民风淳朴，雷州百姓对苏辙一家提供了热情的帮助，这让苏辙在雷州的日子也不至于过不下去。而苏辙也积极回报当地百姓，身体力行地教当地人从事耕织生产，希望以老病之身做出表率，用自己的努力改变当地落后的习俗和生产方式。

不过，还没等苏辙实现改变雷州的美好愿望，在元符元年（1098年）六月时，哲宗在改革派新党的挑唆下，再度颁旨命苏辙迁移循州（今广东省龙川县）安置，并罢免了雷州知州张逢。可见改革派即使远在朝中，听到苏辙在被贬之地受到一点优待，都按捺不住迫害之心。

无可奈何之下，苏辙只好带家眷又去向循州。当时正值酷暑，从雷州到循州之间需水陆并行数千里，其间还受当地瘴毒侵害，行路十分艰难。加上朝廷中改革派对元祐党人迫害日甚，苏辙连官舍和僧道庐室都不许住，也租不到房屋，遭遇可谓十分惨淡。后来，苏辙在撰写《龙川略志引》的时候曾记述过这段经历：

予自筠徙雷，自雷徙循。二年之间，水陆几万里，老幼百数十指，衣食仅自致也。平生家无尤物，有书数百卷，尽付之他人。既之龙川，虽僧庐道室，法皆不许入，衰橐中之余五十千以易民居，大小十间，补苴弊漏，粗庇风雨。……

可见迁徙岭南的这段时间，是他一生经济和政治都最为不幸的时期，而苏辙能做的也只有忍耐，等待现状有所改变。

相比于雷州，循州的居民更少，当地文化氛围几近于无，而苏辙一家人搬去后，因经济拮据，只好在所住庐舍北面的墙外开垦菜地，自给自足，这才能保证一家人至少不会挨饿。不过，这样清贫简单的生活也有好处，那就是苏辙除了处理日常公务外，有更多的时间研读著书。从元符元年八月抵达循州，到元符二年（1099年）闰九月，苏辙先后完成了《龙川略志引》、《龙川略志》十卷、《龙川略志叙》、《龙川别志叙》、《龙川别志》四卷、《春秋传后叙》等多篇鸿篇巨制的编著。在循州的这段时间，几乎可以算是苏辙此生著书的高产期。

除了研读著书之外，循州艰苦生活中还能让苏辙稍感欣慰的，就是和循州的父老乡亲以及来循州看望他的一些朋友于节日欢聚宴饮的时候。因为苏辙爱民助民，与当地百姓相交甚好，所以当时大家也都亲切地称呼他为"苏循州"。

苏辙原本以为，自己已经六十岁，人生到循州这里应该也就尘埃落定，再无被起用之日了，没想到元符三年（1100年）正月，宋哲宗因病突然驾崩，皇位更迭，苏辙的命运将再次被改变。

闲居颍昌：归隐居颍滨

　　元符三年正月，年仅二十四岁的宋哲宗急病驾崩，宋徽宗赵佶继位。当时改革派在朝中恢复熙宁年间的新法也已经有七年了，但是北宋的经济问题、社会危机乃至朝廷政治统治危机都没有得到丝毫转变，反而各方面矛盾都在加剧，已经隐隐有亡国之兆。面对这样的局面，徽宗即位后，也开始想调和新旧党派之间的矛盾，重新调节改革派和保守派之间的关系，希望能达到两派人士互谅合作，共同为朝廷出力的良好局面。

　　宋哲宗英年早逝，在位仅十余年就突然去世，并没有留下儿子，徽宗是神宗的第十一子，哲宗的弟弟端王。赵佶能当皇帝，主要是靠宋神宗的皇后向氏推荐。哲宗病逝，身后无子，向太后大力推荐端王即位，于是皇位这个"馅饼"就掉到了赵佶身上。徽宗以前当王爷的时候就酷爱艺术，书画诗文、遛鸟赏花，无一不好。此番当上皇帝，需要起用元祐旧党那些人，他首先想到的就是名满天下的苏轼和苏辙。所以，自徽宗即位之初，恢复元祐旧党人的官职时，他先在当年二月时选了个在朋党之争事件里中立的黄履为尚书右丞；之后在四月恢复了保守派核心人物范纯仁的官职，并将苏轼从琼州调回内地；五月又追复了文彦博、司马光、吕公著等三十三名已故保守派官员的原官，之后又对朝廷官职任免进行了不少调整。在短短一年的时间里，徽宗的苦心调和还是有一定效果的——终于让朝廷朋党之争中的不同势力达到相对平衡的状态，能够维持和平共处的局面。

在这一系列人员变动中，除了苏轼，苏辙也在其中。元符三年二月，苏辙就被命量移永州（今湖南零陵），到了四月的时候，恰逢徽宗长子诞生，天下大赦，苏辙又被命移岳州（今湖南岳阳）。待到当年十一月苏辙到达鄂州（今湖北武昌）的时候，就被复官太中大夫，提举凤翔府上清太平宫，外州军任便居住。

其实，在徽宗起用元祐旧党，诏求直言敢谏之士这一阶段，苏辙曾数次向徽宗呈词，表示想北归终老田园。苏辙念及多年宦海浮沉过往，在徽宗即位的时候就当机立断给徽宗写了两首《龙川青词》，词中言辞恳切且委婉地申述了自己近年来不幸的遭遇，骨肉亲人亡故，自己年迈多病、难以抵御南荒瘴气之苦，子女不得团聚，思念亲人至切，希望徽宗可以开恩，准许自己北归。这才有徽宗下旨让苏辙移永州、岳州之事。但是徽宗十分欣赏苏辙的才名，还是希望能召苏辙回朝，便仍然恢复了苏辙部分政治待遇，所谓"外州军任便居住"，意思是苏辙有权自由选择居住在哪里。

苏辙接到敕命之后，十分感激地又上呈给徽宗一份《复官宫观谢表》感谢圣恩，并表示希望回到阔别已久的颍昌居住，与儿子阖家团圆，宋徽宗钦准。于是，在元符三年（1100年）年终的时候，苏辙终于回到颍昌旧居，与儿子亲人团聚。回家后，苏辙的生活虽然并没多富足，但总算结束了常年颠沛流离的生活，全家也都愉悦欢乐，苏辙从精神到身体都有了很大好转。此时唯一让他牵挂的，就是在常州的苏轼。

这一年，在苏辙北归的同时，苏轼也在逐渐向内迁，但因为各种因素影响，两兄弟自绍圣四年雷州一别后，就再没见过面，平时只有书信交流。建中靖国元年（1101年）七月，苏轼因病卒于常州。临终都没能见上苏辙一面。而苏辙听闻哥哥的噩耗，也是悲痛难忍，挥泪写下《祭亡兄端明文》：

维建中靖国元年岁次辛巳，九月己未朔初五日癸亥，弟具官辙，谨遣男远，以家馔酒果之奠，致祭于亡兄端明子瞻之灵。呜呼！手足之爱，平生一人。幼学无师，受业先君。兄敏我愚，赖以有闻。寒暑相从，遑壮而分。涉世多艰，竟奚所为。如鸿风飞，流落四维。渡岭涉海，前后七期。瘴气所烝，飓风所吹。有来中原，人鲜克还。义气外强，道心内全。百折不摧，如有待然。真人龙翔，雷雨决天。自儋而廉，自廉而永。道路数千，亦未出岭。终止毗陵，有田数顷。逝将归休，筑室凿井。呜呼！天之难忱，命不可期。秋暑涉江，宿瘴乘之。上燥下寒，气不能支。启手无言，时惟我思。念我伯仲，我处其季。零落尽矣，形影无继。嗟乎不淑，不见而逝！号呼不闻，泣血至地。兄之文章，今世第一。忠言嘉谟，古之遗直。名冠多士，义动蛮貊。流窜虽久，此声不没。遗文粲然，四海所传。《易》《书》之秘，古所未闻。时无孔子，孰知其贤。以俟圣人，后则当然。丧来自东，病不克迎。卜葬嵩阳，既有治命。三子孝敬，罔留于行。陟冈望之，涕泗雨零。尚飨。

本文详尽记述苏轼的一生，并高度评价了苏轼的文学成就，全文语言质朴、含悲泣血、感人至深。之后苏辙又写《和子瞻归去来词》，怀念自己和哥哥之间的手足亲情。

因苏轼生前有与妻子王闰之合葬的遗愿，崇宁元年（1102年）六月，苏辙将苏轼夫妻合葬在郏城小峨眉山上瑞里，以全哥哥生前的嘱托，并为苏轼撰写了《亡兄子瞻端明墓志铭》。

　　在苏辙悲痛欲绝地为哥哥操办丧葬之事时，朝廷中新一轮党派斗争又开始了，对元祐党人的迫害卷土重来。

　　徽宗起初虽然想极力调解两派斗争，但随着他重新任命的保守派代表人物范纯仁去世，两党之争又失去平衡，调停不成的徽宗开始转为支持新党，迫害元祐时期的臣僚。徽宗改元崇宁，暗含崇尚熙宁之政的意思，军国政务商决大权又重回新党改革派手中。崇宁元年（1102年），曾追随王安石变法，支持新法改革，在元祐年间被降职出京的蔡京再度复出，被任命为尚书右仆射兼中书侍郎。自此，宋徽宗和蔡京的黑暗统治开始，他们对元祐旧党臣僚及其后代的迫害，远比宋哲宗在位时期严重，不但立党人碑，将苏辙兄弟、苏门六学士及其他党人的名字刻在党籍中示众，甚至祸及子女，不允许党人子弟入京师，宗室也不允许与党人子孙通婚。在这样黑暗的朝政背景下，崇宁元年六月，苏辙官职被削，降为朝请大夫，但提举太平宫的虚名还保留。

　　因为党人子弟不能在京当差，苏辙次子苏适太常寺太祝的职位被罢免，到了当年秋天，苏辙提举太平宫这个虚名也被罢免。为了避祸且不连累家人，苏辙从离京较近的颍昌独自搬到了离京更远的汝南居住。这期间朝廷对元祐党人的打压和污蔑日益加重，唾骂之声不绝于耳，让苏辙内心十分苦恼，遂写下《罢提举太平宫，欲还居颍川》，诗云：

避世山林中，衣草食芋粟。

奈何处朝市，日耗太仓积？

中心久自笑，公议肯相释？

终然幸宽政，尚许存寄秩。

经年汝南居，久与茅茨隔。

祠官一扫空，避就两皆失。

……

　　从"经年汝南居，久与茅茨隔"一句，可以还原苏辙为避祸去汝南居住的情形，而"祠官一扫空，避就两皆失"又可见他对一生奋斗官场，年迈之时两手空空、背负骂名的境遇的失望与失落。

　　此时，苏辙毕竟已经六十五岁，汝南独居的日子实在煎熬。且即便如此，苏辙也没摆脱种种流言、诋毁和政治迫害。他索性抛开一切世俗，坦然回到颍昌①家中闲居。于是，在崇宁三年（1104年）正月，苏辙重回颍昌家中，自此闭门谢客，专心撰文著书，将精力都投入到创作之中。

---

① 颍昌，府名，辖境相当于今河南许昌市、漯河市、禹州市、鄢城、长葛、临颍、舞阳等市、县地及郏县部分。

躬耕田园：寂静中辞世

苏辙从汝南返回颍昌隐居后，在苏辙人生最后一段闲散时光中，他主要做的事情其实有三个方面，一来是帮着三个儿子经营住宅，积极规划在颍昌的住所；二来是修整和改建住所周围的环境以及田地，为一家生计谋划，种花种菜，躬耕田园；三是读书著作，整理文章，同时教孙辈读书。

苏辙家中一直不算富裕，这些年颠沛流离，积蓄不多。如今隐居颍昌，为解决全家人团聚居住的问题，苏辙先是在颍昌租买房子。在隐居颍昌时期，他曾写诗《葺东斋》说：

敝屋如燕巢，岁岁添泥土。

泥多暂完洁，屋老终难固。

况复非吾庐，聊尔避风雨。

……

从"非吾庐"和"敝屋"这样的形容来看，苏辙的房子不但是租的，而且还比较简陋。

后来，苏辙为了让家人居有定所，不惜卖掉一些家中藏书，换钱买房，从《咏竹》诗中写的"不惜图书卖，端来作主人"，可以验证这段经历。根据苏辙的诗文和一些史料分析，他后来在颍昌买了两处房子和家人一起居住。且在远离官场、闭门谢客后，苏辙生活极其简单，有时间就积极改造房屋，还在屋子附近种了竹子和一些菜。他隐居颍昌后，很多诗文如《南堂新甃花坛》《李方叔新宅》等都记录了这段平和愉快的老年隐居生活。安定下来的苏辙也终于有机会感受含饴弄孙、教育孙辈的乐趣。他曾在元祐六年给苏轼的回诗《次韵子瞻感旧》中说的"家有二顷田，岁办十口粮。教敕诸子弟，编排旧文章。辛勤养松竹，迟莫多风霜"的愿望，在十余年后隐居颍昌时终于能实现了。

在颍昌的最后几年，苏辙除了与家人接触外，几乎与世隔绝，对外界之事不再有兴趣。他隐居后自称"遗老"，后来在颍昌居住的院子修整好后，又将自己的院子称为"遗老斋"，并写了一组十二首名为《遗老斋》的诗歌用来记录他归隐后的这段生活。

到崇宁五年（1106年）九月的时候，隐居了两年多的苏辙终于完成了他一生最重要的政论代表作《历代论》，这部代表他政论最高水平的传世名著共有五卷，含四十五篇文章，虽然从书名来看是在讨论历史，实际上仍是政论，借尧舜、汉昭帝等历史人物之论，影射在宋徽宗的治理下，蔡京乱政，祸国殃民，造成社会动荡，出现千古冤案。如《周公论》中说："古之圣人因事立法以便人者有矣，未有立法以强人者也。立法以强人，此迂儒之所以乱天下也。"这看似是在说周公，其实是为王安石变法和章惇、蔡京复行新法而发，影射的是新法复行造成了北宋当时的冤案和动荡。

在作完《历代论》后，苏辙还查找自己旧书和平生所得，写了一篇《颍滨遗老传》给自己。因隐居颍水之滨，故苏辙自号"颍滨遗老"。在这篇一万多字的文章中，苏辙写道：

> ……时吕微仲与刘莘老为左右相。微仲直而暗，莘老曲意事之，事皆决于微仲。惟进退士大夫，莘老阴窃其柄，微仲不悟也。辙居其间，迹危甚。莘老昔为中司，台中旧僚，多为之用，前后非意见攻。宣仁后觉之，莘老既以罪去……
>
> 杜门复理旧学，于是《诗》《春秋传》《老子解》

《古史》四书皆成。尝抚卷而叹，自谓得圣贤之遗
意。缮书而藏之，顾谓诸子："今世已矣，后有达者，
必有取焉耳。"家本眉山，贫不能归，遂筑室于许。
先君之葬在眉山之东，昔尝约祔于其庚，虽远不忍负
也，以是累诸子矣。予居颍川六年，岁在丙戌，秋九
月，阅筐中旧书，得平生所为，惜其久而忘之也，乃
作《颍滨遗老传》，凡万余言。已而自笑曰："此世间
得失耳，何足以语达人哉！"……

这些文字既是苏辙在本述作中倾吐心声、记录自己隐居颍
滨，与世隔绝的原因，也是他在晚年时对自己宦海浮沉人生的
回顾，将人生的艰辛苦闷和自己的感慨都记录其中。

直到大观二年（1108年）正月，朝廷方面对苏辙的迫害才
算稍缓。宋徽宗天恩回转，又下诏大赦，恢复了苏辙大中大夫
之职，及其谪居岭南前的所有待遇。不过此时苏辙归隐多年，
在田园自得其乐，已经无心官场，对功名利禄也没有兴趣，回
复给徽宗两封场面话般的《谢复官表》，以表感谢天恩。

颍滨闲居，时光飞逝，转眼已是政和二年（1112年）。这
年十月时，苏辙基本将自己一生作品全部整理完，而多年颠沛
流离的谪居生活和归隐后整理书籍的劳累，已经让他油尽灯
枯，病痛缠身。在十月初三，七十四岁的苏辙于颍滨与世长

辞，苏辙官场起起落落的一生终于结束，只留下长眠于郑州古邑（河南郏县）上瑞里一片苍松翠柏之间的坟冢以及那些流传千古的诗文，证明人间曾来过苏子由。

其实，在苏辙去世的时候，朝廷对元祐党人的政治迫害还并未结束，给苏辙下的诏书也不过是"追复端明殿学士，特赠宣奉大夫"，只是一种比较低规格的政治待遇。直到南宋孝宗淳熙三年（1176年），才彻底为苏辙平冤昭雪，恢复他的政治名誉，并追谥"文定"。

苏辙与父亲苏洵、兄长苏轼并入唐宋八大家之列，被合称为"三苏"，而苏辙为唐宋八大家中最长寿者，其诗文政论千古流传，被后人推崇，想必苏辙如果地下有知，看到千年后，自己和哥哥、父亲还能成为代代士子学者追捧的榜样，想必也会含笑九泉。

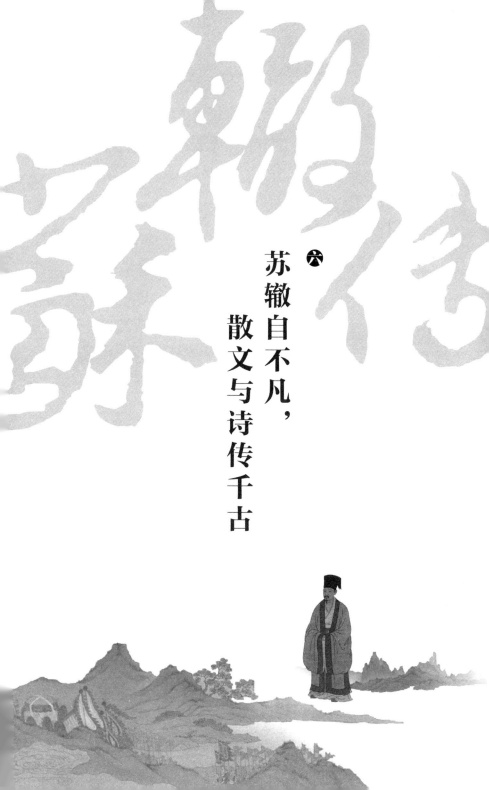

六

苏辙自不凡，
散文与诗传千古

一门三父子，文风各不同

清朝张鹏翮曾为三苏祠撰写过一副对联：

一门父子三词客，千古文章四大家。

古往今来，文人墨客都对"三苏"父子推崇备至，"唐宋八大家"之中，"三苏"父子就占据三个席位，可见这三人文学造诣之深厚。很多人在提起"三苏"时，知道苏洵的《六国论》，知道苏轼的"一蓑烟雨任平生"，但提到苏辙的时候，却对他的文章印象不深，或者觉得"三苏"文章同出一源，文风类似。其实，虽然苏辙在文学、政治方面都受父兄影响很大，但一门三父子，文风却各有不同。苏洵凝练，苏轼豪放，苏辙冲雅。认识"三苏"文风上的差别，才能更深入地理解苏辙文章的文学和艺术价值。

父亲苏洵因其特殊的学习经历，"二十七，始发愤"，所以在声律方面较为薄弱，但散文与政论，却是苏洵最为擅长的。如今苏洵流传于世的有《嘉祐集》二十卷。细读他的《权书》《衡论》《六国论》等，就会发现，苏洵的散文和议论文都更偏向讨论朝政得失，具有论点鲜明、言辞犀利、逻辑缜密、说服力强的特点，其词句语言锋利，于纵横恣肆间，有力拔千钧之劲，常使人耳目一新。

在"三苏"中最具盛名的苏轼，则堪称全才。不过，我们今天了解更多的可能是他那些经典的诗词。苏轼的诗词豪放洒脱，自创新意，"大江东去浪淘尽，千古风流人物"等作品，甚有雄视古今的磅礴之感。而其散文则汪洋肆意，重视以"意"为主，追求挥洒自由的艺术风格。

然而，即使苏洵和苏轼各有千秋，各自闪耀，苏辙在父兄的光芒之下，也并不逊色。因自幼跟随父兄学习，苏辙的诗论和文论中的主张与父兄二人都有相似之处，但苏辙的性格与他二人不同，志趣和经历更是各有差异，这就形成了独属于他自己的冲雅文风。

苏辙一生性格谨慎低调，但却在淡泊平和中自有一股韧性和坚持，这从他"民为重"观念，与改革派在朝堂上顽强斗争一生，即使屡次被贬，却初心不改的人生经历中可以看出。所以，如果说苏轼是用诗歌书法中的豪放动天下的话，苏辙则是用他擅长的政论、史论中针砭时弊、古为今用、纵览百家、胸怀天下的格局和气度让人印象深刻。苏辙承继文气论，认为文章中的"气"是由广博的见识生成的，所以他自己"求天下奇闻壮观，以知天地之广大"，在山川湖海，在名胜古迹中见识世界，以培养自己的浩然之气。苏辙还认为阅历是养"文气"的关键，所以他写竹、画竹就用"耳目相接"的方式去观察，用经历成文，使他的文风在朴素的语言和平淡的叙述中，自有真意，更显雅致。在议论文方面，苏辙受父兄影响，主张"言必中当世之过"，议论的关键在于"古今成败得失"，所以我们会发现，苏辙的政论没有华丽辞藻，从不言空。而在苏辙老成持重的性格影响下，那些针砭时弊的政论又不会过于锋芒毕露，反而在冲和淡然中委婉迂回，鞭辟入里，其说服力有时甚至强于苏洵和苏轼。而苏辙的散文不同于苏轼散文的大开大合，他的散文风格如同他的人一样，是踏实质朴的，与此同时又很缜密。若要形容，可算是"盖理足而文浮""君子之道，以同而异"。苏辙散文作品并不很多，但都有说理透彻的特点。我们经常能从他的散文中看出一些哲理性的思考，如：

……楚王之所以为乐，与庶人之所以为忧，此则人之变也，而风何与焉？士生于世，使其中不自得，

将何往而非病？使其中坦然，不以物伤性，将何适而
非快？……

点出快乐的本质是人自身心境的开朗，不要因环境而伤害
自己的情绪。

综上可以看出，苏辙的文风自有其独树一帜的气质，于朴
实无华中见闲淡高雅。三苏父子虽一同学习生活，文出同源却
各有不同，不应一概而论或厚此薄彼，只能说三者各有千秋。

《三国论》新颖,《东轩记》旷达

苏轼曾评价苏辙的文风:

> 子由之文,词理精确,有不及吾;而体气高妙,
> 吾所不及。

也就是说,苏辙的散文在用词新颖精准方面比不上苏轼,但文章整体结构大气、立意高远,是苏轼也自叹不如的。

古今评论家都曾对比评价过苏轼和苏辙的文风:

> 大苏文一泻千里,小苏文一波三折。

还有人说：

　　子由之文，其奇峭处不如父，其雄伟处不如
兄，而其疏宕袅娜处，亦自有一片烟波，似非诸家
所及。……

亦有人评价：

　　……东坡文字较明白，子由文字不甚分晓。……

　　相比于苏轼文章中的肆意纵横、一泻千里的豪爽之气，苏
辙的散文更加简洁畅达，擅长用朴实淡雅的文字，引史为鉴，
引人入胜。
　　苏辙散文特点主要有三。第一个特点是往往抑扬顿挫，有
雍容俯仰之态。以其散文代表作《三国论》为例，更容易体会
到苏辙散文"一唱三叹"的特点。

　　天下皆怯而独勇，则勇者胜；皆暗而独智，则智
者胜。勇而遇勇，则勇者不足恃也；智而遇智，则智
者不足用也。夫唯智勇之不足以定天下，是以天下之

难蜂起而难平。盖尝闻之，古者英雄之君，其遇智勇也，以不智不勇，而后真智大勇乃可得而见也。

悲夫！世之英雄，其处于世，亦有幸不幸邪？汉高祖、唐太宗，是以智勇独过天下而得之者也；曹公、孙、刘，是以智勇相遇而失之者也。以智攻智，以勇击勇，此譬如两虎相掉，齿牙气力，无以相胜，其势足以相扰，而不足以相毙。当此之时，惜乎无有以汉高帝之事制之者也。

昔者项籍乘百战百胜之威，而执诸侯之柄，咄嗟叱咤，奋其暴怒，西向以逆高祖，其势飘忽震荡如风雨之至。天下之人，以为遂无汉矣。然高帝以其不智不勇之身，横塞其冲，徘徊而不进，其顽钝椎鲁，足以为笑于天下，而卒能摧折项氏而待其死，此其故何也？夫人之勇力，用而不已，则必有所耗竭；而其智虑久而无成，则亦必有所倦怠而不举。彼欲就其所长以制我于一时，而我闭而拒之，使之失其所求，逡巡求去而不能去，而项籍固已败矣。

今夫曹公、孙权、刘备，此三人者，皆知以其才相取，而未知以不才取人也。世之言者曰：孙不如曹，而刘不如孙。刘备唯智短而勇不足，故有所不若于二人者，而不知因其所不足以求胜，则亦已惑矣。

盖刘备之才，近似于高祖，而不知所以用之之术。昔高祖之所以自用其才者，其道有三焉耳：先据势胜之地，以示天下之形；广收信、越出奇之将，以自辅其所不逮；有果锐刚猛之气而不用，以深折项籍猖狂之势。此三事者，三国之君，其才皆无有能行之者。独有一刘备近之而未至，其中犹有翘然自喜之心，欲为椎鲁而不能纯，欲为果锐而不能达，二者交战于中，而未有所定。是故所为而不成，所欲而不遂。弃天下而入巴蜀，则非地也；用诸葛孔明治国之才，而当纷纭征伐之冲，则非将也；不忍忿忿之心，犯其所短，而自将以攻人，则是其气不足尚也。

嗟夫！方其奔走于二袁之间，困于吕布而狼狈于荆州，百败而其志不折，不可谓无高祖之风矣，而终不知所以自用之方。夫古之英雄，唯汉高帝为不可及也夫！

这篇散文创作于宋仁宗嘉祐五年，是苏辙为入京应考写的一组文章之一，亦是他为科举写的二十五篇进论之一。

这篇文章的立论就很新颖："以不智不勇，而后真智大勇乃可得而见。"开头就点明中心论题，然后提出曹操、孙权、刘备三人是"智勇相遇而失之者"。按照一般行文思路，接下来应该重点论述曹、孙、刘三人称雄的事，但苏辙却剑走偏锋，将全文的重点放在刘备和刘邦的对比论述上，指出刘备不善于以不智不勇得天下，说刘备的智勇可能与刘邦相似，但他用的方法不对。刘邦智勇不如项羽，但他能得天下，是因为懂得三条道理，一是"先据势胜之地"，二是技不如人就多招揽人才，三是懂得打不赢就避其锋芒，这样的不智不勇，才是"真智大勇"。

第二个特点是：即使在平淡的语言中，也自有一派体气高妙。这也是苏辙散文最突出的特点。以《东轩记》为例，行文之间"惮于修辞"，不求用词艳丽或极尽雕琢，只求在冲雅淡泊中，彰显深醇和精粹。

余既以罪谪监筠州盐酒税，未至，大雨，筠水泛滥，蔑南市，登北岸，败刺史府门。盐酒税治舍，俯江之滂，水患尤甚。既至，敝不可处，乃告于郡，假部使者府以居。郡怜其无归也，许之。岁十二月，乃克支其欹斜，补其圮缺，辟听事堂之东为轩，种杉二本，竹百个，以为宴休之所。然盐酒税旧以三吏共事，余至，其二人者适皆罢去，事委于一。昼则坐市区鬻盐、沽酒、税豚鱼，与市人争寻尺以自效。莫归筋力疲废，辄昏然就睡，不知夜之既旦。旦则复出营职，终不能安于所谓东轩者。每旦莫出入其旁，顾之未尝不哑然自笑也。

余昔少年读书，窃尝怪颜子以箪食瓢饮居于陋巷，人不堪其忧，颜子不改其乐。私以为虽不欲仕，然抱关击柝，尚可自养，而不害于学，何至困辱贫窭自苦如此？及来筠州，勤劳盐米之间，无一日之休，虽欲弃尘垢，解羁絷，自放于道德之场，而事每劫而留之。然后知颜子之所以甘心贫贱，不肯求斗升之禄以自给者，良以其害于学故也。嗟夫！士方其未闻大道，沉酣势利，以玉帛子女自厚，自以为乐矣。及其循理以求道，落其华而收其实，从容自得，不知夫天地之为大与死生之为变，而况其下者乎？故其乐也，足以易穷饿而不怨，虽南面之王，不能加之。盖非有德不能任也。余方区区欲磨洗浊污，睎圣贤之万一，自视缺然而欲庶几颜氏之乐，宜其不可得哉！若夫孔子周行天下，高为鲁司寇，下为乘田委吏，惟其所遇，无所不可，彼盖达者之事，而非学者之所望也。

余既以谴来此，虽知桎梏之害而势不得去。独幸

岁月之久，世或哀而怜之，使得归伏田里，治先人之
敝庐，为环堵之室而居之，然后追求颜氏之乐，怀思
东轩，优游以忘其老。然而非所敢望也。

元丰三年十二月初八日，眉阳苏辙记。

当时正值"乌台诗案"结束不久，苏辙被贬筠州做盐酒
税。《东轩记》表面上是写他所居东轩，其实是借东轩之地挥毫
泼墨，抒发自己对仕和道的关系的思考。

苏辙开篇先写东轩开辟的原因和有轩难安的无奈，落笔
就将自己的处境点明，借写自己处境，引出思想发生的契机。
第二段则由东轩联想到少时读《论语》，当时对颜渊"一箪
食，一瓢饮"的简单快乐不理解，如今到筠州才懂得颜渊拒仕
的苦心。反思自己的仕途，在赞叹颜渊忍贫学道精神之外，也
衷心弘扬儒家重道轻禄的传统。苏辙信奉的道，就是颜渊这样
的道。第三段，苏辙再阐述学道三境界，到最后，又从自身处
境、大道难行的现实，抒发归休田园的情志，全文可谓意脉贯
通，又颇具匠心。

第三个特点则是旨意深微，落笔远却紧扣主题。这一点从
《黄州快哉亭记》从江水之势起，最后却归入"快哉"心境为
止，就可以看出。

　　总的来说，苏辙的散文虽初看平淡，但细读之下，却可感知其风格多样，不似哥哥苏轼的散文那样肆意张扬，但更具静水流深的淡泊，亦自成一派风格。

诗作传世：闲淡蕴高雅

与苏轼至今存诗两千八百多首相比，苏辙诗的创作比较少，但是以苏辙存诗一千七百多首的量，与千古文坛中其他大文豪相比，仍然是十分亮眼的成绩，丝毫不会逊色。苏辙的诗如甘泉，虽初显平淡，但仔细读来，却也能寻到一丝别样雅韵。

张耒①在《赠李德载》中评价苏轼和苏辙的诗说：

长公波涛万顷海，少公峭拔千寻麓。

他认为苏轼的诗更气势磅礴，就像大海怒涛，汹涌澎湃；而苏辙的诗则高雅闲淡，就像崇山茂林，幽深难测。

———————————

① 张耒（1054—1114年），字文潜，号柯山，楚州淮阴（今江苏淮安市淮阴区）人。北宋时期大臣、文学家。

另外也有人认为苏辙诗：

> 韵不及欧（欧阳修），快不及王（王安石），劲
> 不及黄（黄庭坚），奇肆不及子瞻（苏轼），而妥帖
> 大雅，亦可谓工矣。

虽前面是在批评苏辙的诗不如北宋当时一众名家，但是也算是比较准确地把握住了苏辙诗的特色，点出苏辙与其他大家的区别。尤其"妥帖大雅"这一评价可谓抓住了苏辙诗的精髓。

苏辙的诗中记录的多是日常琐事，或游历途中见闻，或日常生活感慨，或仕途不顺唏嘘等。因为与苏轼常年保持书信交流，还有很多诗是同题，兄弟二人分咏。从这些一个题目下分别歌咏的作品中，可以很明显地看出苏轼和苏辙的诗风区别。如《舟中听大人弹琴》，两人用同样的题目和体例来写，主旨都是称赞父亲苏洵的琴技，歌颂苏洵尚古乐、不满世俗之乐的品质，但苏轼和苏辙写的却有明显的差别：

苏轼所作：

> 弹琴江浦夜漏永，敛衽窃听独激昂。
> 风松瀑布已清绝，更爱玉佩声琅珰。

自从郑卫乱雅乐，古器残缺世已忘。

千家寥落独琴在，有如老仙不死阅兴亡。

世人不容独反古，强以新曲求铿锵。

微音淡弄忽变转，数声浮脆如笙簧。

无情枯木今尚尔，何况古意堕渺茫。

江空月出人响绝，夜阑更请弹文王。

苏轼是从听琴而产生议论，论"郑卫乱雅乐""古器残缺世已忘"，全诗更加纵横肆意，议论风声，有俯瞰古今的大气。

苏辙所作：

江流浩浩群动息，琴声琅琅中夜鸣。

水深天阔音响远，仰视牛斗皆从横。

昔有至人爱奇曲，学之三岁终无成。

一朝随师过沧海，留置绝岛不复迎。

终年见怪心自感，海水震掉鱼龙惊。

翻回荡漾有遗韵，琴意忽忽从此生。

师来迎笑问所得，抚手无言心已明。

世人嚚嚚好丝竹，撞钟击鼓浪谓荣。

安知江琴韵超绝，摆耳大笑不肯听。

苏辙则是从舟中听琴联想到伯牙沧海学琴，最后又在诗末点明主题，让主题更为鲜明突出，读起来更为平和婉转，有高山流水之清雅余韵。

要寻找最能代表苏辙诗风的作品，还是要读他在个人闲适生活中所写过的那些写景、题画、咏物、咏史等诗文，其中平淡见清雅、质朴见韵味的感觉会更为明显。比如苏辙的咏物诗《再和十首》之一：

涧草岩花日日开，江南秋尽似春回。

旋开还落无人顾，惟有山蜂暖尚来。

看似平平无奇，但苏辙以"山蜂暖尚来"反衬"无人顾"，以物照见自己。那些山花正像贬官筠州的苏辙，好似写物，其实写的是自己心事，含有不尽之意。

再看苏辙写自己闲适生活的诗，这类诗的特点则表现为闲逸淡远，但其实言浅意深。前文提到的《南窗》这首诗写于苏辙制科上榜后拒官留京，侍奉父亲苏洵期间。表面看苏辙闭门谢客赏雪是闲适疏懒，生活恬淡安稳，实际上从结尾"苦心""疏拙""有酒聊共斟"等用词都可以看出，苏辙想抒发的其实是入仕艰难的郁郁寡欢之情。

看过苏辙一生，了解他人生每段起落波折，见过那些诗背后的人生经历，再来读看似质朴清淡的语句，我们就能发现，二苏诗风比较，实则"各自胜绝无彼此"，苏辙自有属于他的独特魅力。苏辙诗就是这样，不张扬，不喧嚣，似王维静淡风味。

苏辙年谱 [①]

1039年（宋仁宗宝元二年，己卯）

苏辙生于眉山，时年兄苏轼四岁，父苏洵三十一岁，游学四方。

1044年（庆历四年，甲申）

苏辙六岁，与兄苏轼在天庆观读书，次年父亲苏洵出游，苏辙兄弟于家中读书。

1047年（庆历七年，丁亥）

苏辙九岁，祖父苏序卒，父亲苏洵为父奔丧返家，从此再未离开眉山出游，日日在家教子读书，并作《名二子说》。苏洵认为读书的目的是"内以治身，外以治人"，因此苏辙自幼懂得以史为鉴，关心国家政事与治乱兴亡。

[①] 本年谱参考孔凡礼著《三苏年谱》中华书局2023年版，整理、修改、删减而成，所收录仅为苏辙生平影响较大的事件。

1055年（至和二年，乙未）

苏辙十七岁，娶妻史氏，时年史氏十五岁，夫妻后来白头偕老，感情甚笃。苏辙六十五岁时还给史夫人写诗，追念往事，诗收录于苏辙《栾城集》中，《寄内》诗云：与君少年初相识，君年十五我十七，上事姑章旁兄弟，君虽少年少过失。

1056年（宋仁宗嘉祐元年，丙申）

苏辙十八岁，张方平劝苏洵进京，苏洵决定送二子进京参试，苏辙与父兄三人离乡进京应试。

1057年（嘉祐二年，丁酉）

苏辙十九岁，与兄苏轼一起参加礼部考试，得欧阳修知贡举荐，"生于野草，不学时文，词语甚朴，无所藻饰"的苏轼、苏辙两兄弟于此试中进士及第，苏辙名登五甲。适逢母亲程氏病故，兄弟二人返蜀守丧。

1059年（嘉祐四年，己亥）

苏辙二十一岁，守丧期满，苏洵上书欧阳修，将携子入京，苏氏父子三人沿江东下，欲借此机会游览名山大川，此番游览苏辙作诗文许多，其文章更"疏荡有奇气"。

1061年（嘉祐六年，辛丑）

苏辙二十三岁，参加制科考试，因指陈切直，故列四等。

1062年（嘉祐七年，壬寅）

苏辙二十四岁，充任商州（今陕西商县）军事推官，然辙想留京中赡养父亲苏洵，故改为在京师担任校书郎。

1065年（宋英宗治平二年，乙巳）

苏辙二十七岁，任大名府（今河北大名）推官。

1066年（治平三年，丙午）

苏辙二十八岁，因父亲苏洵病逝，遂扶父棺归葬四川。

1069年（宋神宗熙宁二年，己酉）

苏辙三十一岁，1068年（戊申）十二月底为父守丧期满，返回京师。随后任制置三司条例司检详文字，但因与王安石议事多有分歧和不和，遂外放为河南府留守推官，后又改为陈州（今河南周口）学官。

1070年（熙宁三年，庚戌）

苏辙三十二岁，随张方平一起去陈州，赴任陈州学官。

1071年（熙宁四年，辛亥）

苏辙三十三岁，任陈州学官，正值兄苏轼外放杭州，欧阳修致仕，兄弟二人赴任前，曾一同拜访已退居颍州的欧阳修，苏辙、苏轼兄弟二人别于颍州，各有诗作相送，并作诗数首送欧阳修。

1073年（熙宁六年，癸丑）

苏辙三十五岁，改任齐州掌书记。时齐州大旱，苏辙政务繁忙。

1076年（熙宁九年，丙辰）

苏辙三十八岁，王安石因变法失利，罢相退居江宁府（今南京），苏轼、苏辙兄弟二人得到回京机会，但新党在朝廷中仍气焰强盛。苏辙改著作佐郎，签书南京判官。次年（1077年）赴南京签判任。

1079年（宋神宗元丰二年，己未）

苏辙四十一岁，兄苏轼因"乌台诗案"被下狱，于狱中困一百三十余日，苏辙为营救兄长苏轼，上疏皇帝，表示愿解官为兄赎罪，然而并未获准，反被贬谪筠州（今江西高安）任筠州盐酒税，并五年不得调任。苏辙有诗云"五年卖盐酒，胜事不复知"，可见其贬谪心情低迷落寞，委屈萧条，故此阶段苏辙始学佛，并萌生著述的志向，欲注释《诗经》《老子》《春秋》等书，纂修古史。

1080年（元丰三年，庚申）

苏辙四十二岁，贬谪监筠州盐酒税。

1084年（元丰七年，甲子）

苏辙四十六岁，调任绩溪（今安徽省宣城市）为县令，在任期间治绩良好，因其杜绝一切扰民之事，在当地深得民心。

1086年（宋哲宗元祐元年，丙寅）

苏辙四十八岁，因哲宗十岁即位，时由宣仁太后听政，由司马光和吕公著当国，苏辙此时被升为右司谏，辅政尽心尽力，渐得赏识。此阶段，苏辙平时沉默寡言，但遇不当之事必直言劝谏，不徇私情，同时不顾是否得罪帝后。苏辙与司马光因是否仍以经义取士，以及是否废止青苗法等事产生政见分歧，发生争执，苏辙因在这几件事上直言极谏，升为起居郎，中书舍人。同年四月，王安石卒，九月司马光亦卒。

1087年（元祐二年，丁卯）

苏辙四十九岁，改任户部侍郎，负责国家财赋整理，在职期间建树颇多，主张"善为国者藏之于民。其次藏之州郡"。

1089年（元祐四年，己巳）

苏辙五十一岁，任翰林学士、吏部尚书，奉诏出使辽国，因为三苏文章广泛流传于胡地，故在出使时备受礼遇。次年（1090年）被任命为龙图阁直学士、御史中丞，同年十二月，任龙图阁学士。

1091年（元祐六年，辛未）

苏辙五十三岁，由御史中丞擢尚书右丞，次年升任太中大夫、守门下侍郎。此时兄苏轼也奉诏还朝，因兄弟二人怕遭人嫉妒，故相争乞外任机会，可见兄弟二人手足情深。

1094年（宋哲宗绍圣元年，甲戌）

苏辙五十六岁，章惇执政，打压旧党，恢复新法，致使新党复又得势，哲宗元祐年间党人几乎全遭迫害。苏辙"岁更三黜"，一年中先后被贬官汝州（今河南临汝）、袁州（今江西宜春）、筠州（今江西高安市）。

1097年（绍圣四年，丁丑）

苏辙五十九岁，因被诬陷为臣不忠，被贬为化州别驾，安置雷州处分，流放雷州半岛（今广东湛江雷州），于雷州任职一年后复迁循州。

1098年（元符元年，戊寅）

苏辙六十岁，移调循州（今广东龙川），因此苏辙又被称为苏循州。

1101年（宋徽宗建中靖国元年，辛巳）

苏辙六十三岁，因宋徽宗即位，遂召苏辙回京，官复太中大夫，提举凤翔府上清太平宫。但因其自身已厌倦仕途，便主动请求归隐颍昌，并隐居颍水之滨，故苏辙亦自号"颍滨遗老"，至此不再谈论政事，闲居颍昌，昔年多病之身居然有所好转。苏辙诗作亦有记录颍滨隐居生活。次年（1102年）蔡京当国，元祐党人再遭严重迫害，苏辙官职被削，降为朝请大夫。1108年，朝廷大赦，又恢复苏辙大中大夫之职位。

1112年（宋徽宗政和二年，壬辰）

苏辙七十四岁，于颍滨与世长辞，被追复为端明殿学士，宣奉大夫，到南宋孝宗淳熙中，追谥"文定"。苏辙与父亲苏洵、兄长苏轼并入唐宋八大家之列，被合称为"三苏"。苏辙为唐宋八大家中最长寿者。

主要参考书目

《三苏年谱》，孔凡礼著，中华书局2023年版。

《唐宋八大家文钞》，吕明涛、诸雨辰、韩莉译注，中华书局2023年版。

《苏辙资料汇编》，杨观、陈默、刘芳池编著，中华书局2018年版。

《苏辙评传》，曾枣庄著，巴蜀书社2018年版。

《苏辙年谱》，曾枣庄著，巴蜀书社2018年版。

《苏辙年谱》，孔凡礼著，学苑出版社2001年版。

《大宋文脉：苏氏家族传》，罗泰琪著，华中科技大学出版社2017年版。

《唐宋八大家故事集：儒雅学士苏辙》，东方慧子主编，武汉大学出版社2015年版。

《栾城集》，苏辙著，曾枣庄、马德富校，上海古籍出版社2009年版。

《唐宋名家文集：苏辙集》，苏辙著，何新所注释，中州古籍出版社2010年版。

《苏辙集》，苏辙著，陈宏天、高秀芳点校，中华书局2017年版。

《三苏文化丛书：龙川略志译注》，苏辙著，胡先酉译，西南交通大学出版社2018年版。

《光芒之下：苏辙传》，史在新著，中国文史出版社2021年版。

《北宋三苏》，卢武智著，三秦出版社2003年版。

《苏轼苏辙研究》，朱刚著，复旦大学出版社2019年版。